浙江省重点创新团队"现代服务业创新团队"研究成果

浙江省哲学社会科学研究基地"浙江省现代服务业研究中心"研究成果

浙江省"十二五"重点学科"应用经济学"研究成果

浙江树人大学著作出版基金资助成果

服务业与服务贸易论丛

RESEARCH ON THE DEVELOPMENT
OF LEISURE VACATION TOURISM
IN ZHEJIANG

浙江休闲度假旅游
发展研究

潘雅芳◎著

ZHEJIANG UNIVERSITY PRESS
浙江大学出版社

总　　序

以服务业和服务贸易为主要内容的服务经济迅速崛起,成为 20 世纪中叶以后世界经济发展的显著特征。服务业和服务贸易在国民经济中的比重不断上升,成为促进国民经济效率提高和国民产出总量增长的主导力量。

把服务业作为一个完整概念提出并进行系统的理论研究,是 20 世纪才开始的。分处不同时代的西方经济学家从不同角度揭示了人类社会发展过程中,国民生产总值的最大比例从第一产业转向第二产业,进而转向服务业的客观规律性。20 世纪 80 年代中后期,西方发达国家服务业的比重普遍超过了 60%,并呈现持续增长的态势,服务经济被纳入国民经济整体中进行考察。关于服务的理论研究也不断深化。国内学者对服务经济的理论研究始自 20 世纪 60 年代,服务的性质、服务的价值创造、服务业在国民经济中的地位和作用、服务业各行业发展的理论与实践研究、服务业与服务贸易竞争力分析等都被纳入研究范畴。随着服务业和服务贸易在我国经济结构调整、发展方式转变和经济社会可持续发展中的重要性越来越突出,服务经济研究也日益被人们所重视,研究深度和广度也在不断扩大。

浙江树人大学研究团队从 2000 年开始致力于现代服务业、国际服务贸易研究,是国内较早专门从事服务经济领域研究的学术团队之一,研究成果获第四届教育部人文社会科学优秀成果二等奖、全国商务发展研究成果优秀奖、第十三届浙江省哲学社会科学优秀成果一等奖、浙江省高校科研成果一等奖等奖项。目前,浙江树人大学现代服务业研究团队是浙江省重点创新团队,"浙江省现代服务业研究中心"是浙江省哲学社会科学研究基地,"应用经济学"学科是浙江省"十二五"重点学科,"国际经济与贸易"专业因服务贸易人才培养特色获得国家特色专业和浙江省优势专业称号。《服务业与服务贸易论丛》是上述创新团队、基地、学科和专业建设的成果,也是团队近年来刻苦研究的结晶。

在《服务业与服务贸易论丛》出版之际,衷心感谢浙江省委宣传部、浙江省社科联、浙江省教育厅和浙江树人大学各级领导的关心和支持,感谢中国社科院财贸所服务业研究室、中山大学第三产业研究中心等学术界同仁们的帮助,感谢研究团队所有成员的辛勤付出。期待得到学界同行和读者们的批评指教。

夏　晴

2013 年 3 月

前　　言

　　当今中国社会正处于一个转型变革的重要时代,旅游业也进入重要的转型发展时期。2014年,我国人均GDP已达到了7485美元,北京、天津、上海、江苏、浙江、内蒙古、广东、福建等8个省市人均GDP全部进入"万美元时代"。旅游度假产品的开发形成了强大的市场需求支撑,大众休闲度假时代扑面而来。与此同时,我国自1999年开始实行"五一"、"十一"和春节黄金周制度,并对节假日休假制度不断进行调整和完善,陆续增加了元旦、清明节、端午节、中秋节等法定假日,形成了多个"小长假",推动了假日旅游经济的繁荣与发展。2008年我国推出《职工带薪年休假条例》,2013年我国出台了《国民旅游休闲纲要》,也进一步说明我国的休闲度假旅游迎来了前所未有的发展机遇,拥有十分广阔的市场前景。

　　浙江省作为我国的旅游经济大省,拥有"诗画江南、山水浙江"的美誉,旅游业正处于黄金发展期,同时也处于战略提升期和产业转型期。在国内旅游和入境旅游市场都得到快速增长的基础上,随着"休闲度假时代"的到来,发展休闲度假旅游,开发休闲度假旅游产品,已经成为浙江省旅游资源深度开发、旅游产业结构调整、旅游产品升级换代、旅游国际竞争实力提升的迫切需要。

　　本书在对浙江省休闲度假旅游发展的市场需求、资源与产品供给条件剖析的基础上,对浙江省休闲度假旅游者的动机和消费行为进行实证分析,提出对浙江省休闲度假旅游发展有针对性的策略与建议,以此形成对浙江省休闲度假旅游的系统研究。

　　浙江省休闲度假旅游业尚处于发展起步阶段,学术界对中国休闲度假旅游研究时间不长,而我们对休闲度假旅游研究也只有短短几年。所以本书所提出的一些学术观点可能还不够成熟或严谨,理论基础还不够扎实,数据还不够翔实,对策还有进一步提升的空间。本书的出版旨在抛砖引玉,希望引起各方关注休闲度假旅游的研究,推动浙江省休闲度假旅游市场的培育和休闲度假旅游业的发展。

本书也为浙江省哲学社会科学规划基金项目"浙江省旅游产业转型升级路径研究:从观光到休闲的视角"(12JCJJ19YB)研究成果。

书中如有疏漏不当之处,敬请广大读者不吝赐教。

潘雅芳

2015 年 10 月

目　　录

1　绪　论

1.1　研究背景

　　休闲,通俗地讲,就是人们在闲暇时间所开展的各种休息和娱乐活动。作为休闲学理论的奠基人之一,马克思认为,休闲是人的生命活动的组成部分,是社会文明的重要标志,是人类全面发展自我的必要条件,是现代人走向自由之境界的"物质"保障,是人类生存状态的追求目标。

　　作为休闲活动核心的旅游,是人们物质生活发展起来之后的一种文化生活需要。那么,什么是旅游? 旅游的本质特征是什么?《庄子·田子方》中有一段老聃和孔子关于"游"的对话:"孔子曰:'请问游是。'老聃曰:'夫得是至美至乐也。得至美而游乎至乐,谓之至人。'"庄子借老聃之语,阐述了他的旅游思想,即以天地万物自然为至美,以"乘物以游心"为至乐。这一思想也从根本上规定了旅游"至美""至乐"的审美特征和自由心理特征。现代旅游在本质上也是一种以获得心理快感、身心愉悦为目的的审美过程和自娱过程,这与古人的观点不谋而合。世界著名旅游人类学家纳尔逊·格雷本(Nelson Graburn)在《人类学与旅游时代》一书中指出,现代旅游是一种"神圣的旅行"或"精神寻求"。1980 年在菲律宾召开的世界旅游组织大会上颁布的《马尼拉世界旅游宣言》中提到:"在旅游实践中,精神元素必须优先于技术和物质元素。精神元素本质上是:作为人的全面实现;……在对人的尊严与身份予以尊重的精神下的人的解放……"

与此同时,旅游在促进人的全面发展的同时,其作为社会推动力的功能也日益凸显。世界著名旅游研究者克里彭多夫提出了"新旅游"的概念,预言它将是"一种人类进步的工具"[①]。著名经济学家于光远认为,旅游是幸福产业,是推进文化复兴和爱国主义教育的重要方式。长久以来,人们较为看重旅游业的经济功能,但现在,旅游的社会、文化、环境等功能效应更为明显,并且在统筹兼顾各项功能方面的意义也受到各方的重视。旅游在本质上是一种文化活动,是人类追求生活品质的体现。旅游业的发展与一个国家的社会经济发展相关,并且取决于人们在具有深刻人文特征的休闲中能够享受创造性的休息、度假和旅游的自由。[②]

旅游作为一种社会现象,正在从有闲阶层进入普通大众的生活中,"全民旅游"的时代已经到来。随着带薪休假制度的进一步实施,旅游的广泛性将进一步凸显。旅游在逻辑上属于休闲和游憩的一部分,是休闲的一种方式,"旅游以休闲为目的,是人们在闲暇时间里在异地获得的一项休闲体验活动。旅游的本质是愉悦体验和精神放松"[③]。现代旅游活动的主要目的是求新、求知、求美、求乐,求得一个美好的回忆。显然,旅游与休闲在精神追求上的本质上是一致的。

按照旅游经济学界的普遍认识,当人均 GDP 达到 1000 美元时,即进入国内旅游的需求增长期,此时的旅游形态主要是观光旅游;当人均 GDP 达到 2000 美元时,旅游形态开始逐步向休闲旅游转化,并进入出国旅游的增长期;当人均 GDP 达到 3000 美元时,旅游形态开始向度假旅游升级;当达到 5000 美元后,旅游形态则开始进入成熟的度假经济时期。在经济发达国家,休闲度假旅游一直是主要的旅游形式之一。统计数据显示,休闲度假旅游常年占国际旅游市场 20% 左右的份额,作为一种独特的消费形式,它已经成为一个国家或地区旅游业成熟发展的标志。[④]

---

① Krippendorf J. Towards New Tourism Policies: The Importance of Environmental and Sociocultural Factors. Tourism Management,1982(3):135-148.

② 马波、徐福英:《中国旅游业转型升级的理论阐述与实质推进——青岛大学博士生导师马波教授访谈》,《社会科学家》2012 年第 6 期,第 3—7 页。

③ 谢彦君:《基础旅游学》,中国旅游出版社 2004 年版。

④ 张言庆:《山东省度假旅游发展研究》,青岛大学学位论文,2004 年。

休闲度假旅游具有修身养性、一地停留时间长和消费能级高等特点。从社会角度看,休闲度假旅游具有社会属性,是人类文明的标志,它要求由社会统筹规划、开发、管理、安排并自始至终地接纳;从文化角度看,它是一种精神追求,一种高层次的生活内容,一种优雅的状态,一种难得的享受和一种洒脱;从经济角度看,休闲度假旅游是一种社会发达程度的标志,是社会进步节奏的表达。①

目前,休闲度假旅游已经成为全球范围内一种大众化的生活方式,尤其是在经济发达国家和地区,如欧洲的英国、法国、德国,以及近邻日本、韩国等,每年进行度假旅游消费的旅游者均占到了其旅游总人数的50％以上。但是在中国,休闲度假旅游的规模化发展才刚刚起步,整体发展状况也并不尽如人意。

追溯我国旅游业的发展历程,最初采取了非常规的发展模式,即在旅游起步的较长时间里,以入境旅游需求为主,以提供观光类旅游产品为主,开展单一的观光旅游。但随着旅游业的逐步发展,我国旅游产品结构单一的缺陷日益明显,不能适应国际国内多样化的旅游需求。吴必虎在 2010 年博鳌亚洲旅游论坛上提出,中国旅游业正在从初级的观光型向高级的度假型跨越。他认为,中国的旅游产品和旅游方式经历三个阶段:第一个阶段是从 1978 年到 90 年代初,主要为旅游质量比较低的观光旅游;第二个阶段是 90 年代中后期,观光、休闲、文化、度假等旅游产品品种日渐多样化,游客开始有能力休闲并懂得休闲,享受吃、住、行、游、购、娱等的乐趣;第三个阶段是 2020 年后,为了满足更高需求,旅游产品将提升到以休闲度假旅游为主。②

当今中国社会正处于转型期,旅游业也正处于一个重要的转型发展时期,休闲度假旅游越来越成为人们的一种迫切需求。随着我国居民人均可支配收入的逐年增长,人们开始注重追求更高的生活质量和生命质量,休闲度假旅游正是最佳的选择。徐菊凤(2007)③指出,自 2003 年"非典"事件后,人们对于健康和清新自然环境空前重视,休闲度假人数急剧

① 马勇:《度假旅游发展的趋势焦点创新思考》,《中国旅游报》2002 年 7 月 26 日。
② 吴必虎:《海南是中国未来旅游最突出的亮点》,南海网新闻中心,2010-02-25。
③ 徐菊凤:《度假旅游需求与行为特征分析——以中俄赴三亚旅游者为例》,《旅游学刊》2007 年第 12 期,第 59—65 页。

上升且持续增长。但是在初期,我国的休闲度假旅游增长幅度较为缓慢,市场结构也不够稳定,主要是以休闲度假动机为主的郊区旅游发展较为明显。2014年,我国人均GDP已达到7485美元,北京、天津、上海、江苏、浙江、内蒙古、广东、福建等8个省市人均GDP更是进入"万美元时代",达到了中等发达国家水平,旅游度假产品的开发形成了强大的市场需求支撑,大众休闲度假时代扑面而来。与此同时,我国自1999年开始实行"五一"、"十一"和春节黄金周制度,并对节假日休假制度不断进行调整和完善,陆续增加了元旦、清明节、端午节、中秋节等法定假日,形成了多个"小长假",推动了假日旅游经济的繁荣与发展。2008年1月我国正式推出《职工带薪年休假条例》,2013年颁布实施了《国民旅游休闲纲要(2013—2020年)》,相关政策法规条例的推出进一步推动了带薪休假制度的落实,并为扩大旅游消费、提升旅游消费水平带来新契机。目前,我国已进入休闲度假旅游快速发展的新阶段,我国休闲度假旅游市场的前景十分广阔。

浙江省是我国的经济大省和旅游大省,近年来经济和旅游都发展迅速。2014年,浙江省人均GDP已达1.19万美元,城镇居民人均可支配收入为40393元,农村居民人均纯收入19373元,连续28年位居全国各省区首位。以人均GDP为重要指标的居民消费能力持续提升,为全省旅游消费规模快速增长和消费水平不断升级提供了重要的驱动力。2014年,浙江省共实现旅游总收入4801亿元,旅游业增加值为2140亿元;旅游业增加值占到全省生产总值(GDP)的6.1%,占服务业增加值的13.7%;全省旅游总收入2011年、2012年、2013年连续三年在全国31个省区中位居第三。但长期以来,浙江省在旅游产品供给方面还是以观光旅游为主。随着浙江省旅游业的逐渐成熟和旅游市场的不断壮大,浙江省旅游产品结构单一的缺陷日益明显,休闲度假类旅游产品开发普遍出现重复开发、恶性竞争、品质低下等问题。这也使得浙江省在旅游资源方面的优势不能得到充分的发挥,同时也削弱了浙江省旅游产品在旅游市场上的竞争力。

浙江省的旅游宣传口号为"诗画江南、山水浙江",这也反映出浙江省旅游资源的核心特色集中于自然资源的多样性和生态性,森林、海滨、河流、山区、田园等都为开发不同类型的休闲度假产品提供了良好的基础条件。从历史上看,杭州、莫干山、天目山、普陀山就一直是非常有名的度假旅游胜地。1992年,杭州之江国家旅游度假区的建设标志着浙江出现了专业化的度假旅游产品,并逐渐掀起了一轮旅游度假区和度假旅游产品建设热潮。

目前,浙江省已经拥有4个国家级旅游度假区和46个省级旅游度假区,培育了杭州、千岛湖、天目山、莫干山、普陀山、武义、德清、安吉等一大批度假旅游胜地;开发形成了自行车绿道、邮轮、自驾车露营基地、洋家乐、帐篷旅馆、乡村客栈、度假村、度假酒店、主题公园、郊野公园等一批度假旅游新业态、新产品;开展了温泉、禅修、海钓、沙滩、滑雪、溯溪、绿道骑行、游艇、滑翔、高尔夫等休闲度假娱乐活动;打造了宋城千古情、吴越千古情、印象西湖、梦幻太极等经典的文化演艺旅游产品。此外,浙江各地的休闲度假旅游也基于资源优势形成了不同的区域特色。例如,德清、安吉、磐安、临安、桐庐等地发展了一大批乡村休闲度假旅游产品;宁海、武义等地开发了温泉休闲度假旅游产品;乌镇、西塘、南浔等地发展了古镇休闲度假旅游产品;象山、普陀山、朱家尖等地因地制宜地推出了海滨休闲度假旅游产品;杭州、宁波等地重点打造了都市休闲度假旅游产品;千岛湖、东钱湖等地以湖泊休闲度假旅游为主要卖点;平湖、富阳等地则创新地发展了运动休闲度假旅游产品。

总体来看,浙江省的休闲度假旅游虽然起步较晚,但是发展速度快,休闲度假旅游市场潜力巨大。在国内旅游和入境旅游市场都得到快速增长的基础上,随着"休闲度假时代"的到来,发展休闲度假旅游,开发休闲度假旅游产品,已经成为浙江省旅游资源深度开发、旅游产业结构调整、旅游产品升级换代、旅游国际竞争实力提升的迫切需要。本书将在对浙江省休闲度假旅游发展的市场需求、资源与产品供给条件剖析的基础上,对浙江省休闲度假旅游者的动机和消费行为进行实证分析,提出对浙江省休闲度假旅游发展有针对性的策略与建议,以此形成对浙江省休闲度假旅游的系统研究。

1.2 研究意义

1.2.1 现实价值

浙江省旅游业正处于黄金发展期,同时也处于战略提升期、产业转型期,本书以动态发展的研究视角,提出浙江省休闲度假旅游的发展方向、模式以及旅游产品设计等。研究内容符合《浙江省旅游业发展"十二五"规划》所提出的"加快推进旅游业的转型升级与品质提升"的指导精神,是对新时期浙江省旅游业发展的专题性研究。研究的现实价值主要体现为如下三点。

第一,相关研究对于优化目前浙江省以观光游客为主的旅游市场结构,增加旅游产业总收入,提升旅游产业的经济地位,促进旅游业转型升级,实现加快培育旅游业成为万亿产业的新目标,具有较强的指导意义。

浙江省是我国的旅游大省,2010 年,浙江省旅游经济综合实力跻身全国前三强,但旅游产业对全省国民经济的贡献率仅占国民经济生产总值的 5.4%,远低于世界中等以上发达国家 8% 以上的发展水平,这与浙江省旅游消费结构失衡不无关系。据统计,2010 年,浙江省接待的国内旅游者和入境游客中,观光型游客分别占全部旅游接待人数的 32.3% 和 45.1%,大大高于世界旅游业观光游客占 22.45% 的平均水平。观光游客平均逗留时间短,消费水平和重游率低,严重制约了浙江省旅游业的转型升级和效益提升。根据《浙江省人民政府关于加快培育旅游业成为万亿产业的实施意见》,到 2017 年,全省年接待游客总量将达到 6.5 亿人次,其中接待过夜游客 3.1 亿人次,力争旅游产业总收入达到 1 万亿元。要实现这一发展目标,大力发展休闲度假旅游,改变目前以观光游客为主的旅游市场结构成为必然。

第二,相关研究对于解决当前旅游者日益增长的休闲度假旅游消费需求与较为单一的观光旅游产品供给之间的矛盾,对于丰富旅游产品供给,适应旅游市场变化,满足旅游消费者需求,具有现实的指导意义。

旅游业转型升级的根本动力来自市场,全民休闲时代的到来成为浙江省休闲度假旅游快速发展的重要驱动力。当前旅游市场表现出"旅游休闲意识增强、休闲方式多元化、旅游休闲意向明显"等特点。世界旅游组织的统计数据显示,在现今的旅游市场构成中,休闲旅游占到了 62%。2010 年,浙江省入境休闲度假游客人数为 167 万人次,国内休闲度假游客人数为 7200 万人次,游客人数呈现不断上升的趋势。但目前较为单一的观光旅游产品不能够满足旅游消费者的需求变化。大力发展休闲度假旅游,可以优化旅游产品结构,丰富旅游产品供给,满足日益增长的旅游消费需求。当前,浙江省内的一些地区和城市正在进行"休闲度假旅游目的地"建设,如杭州市"都市休闲旅游示范区"的实践已经卓有成效。

第三,相关研究对于改变传统的旅游资源观,通过发展休闲度假旅游,创新挖掘新的旅游资源,找到浙江省旅游业创新发展的模式和方向,具有较好的借鉴价值。

浙江省旅游业发展的新目标是把浙江建设成为更加发达的旅游经济区和国际知名的旅游目的地,率先全面建成旅游经济强省。当前,浙江省已经实现了从资源大省向旅游大省的转变,在向旅游强省的转变过程中急需开拓新的发展思路,开发新的旅游资源和旅游产品。旅游业最大的特点是"资源无限制、产业无边界",休闲度假旅游的发展是在"吃、住、行、游、购、娱"基础上围绕游客的高层次需求,以及与其行业相关产业的深层次发展而展开的。根据浙江省旅游产业发展的现状特点和旅游业的渐变规律,休闲度假旅游将成为今后浙江省旅游产业发展的重点,是浙江省旅游产业转型升级的重要抓手。此外,浙江旅游业在中国具有一定的代表性,研究成果对其他省区的旅游产业决策具有一定的借鉴和参考意义。

1.2.2　理论意义

本书的相关研究在全面综述国内外相关研究成果的基础上,运用新的研究方法、选取新的研究视角,对浙江省旅游业发展进行系统性、综合性的理论研究与实践探索。研究的理论意义主要体现为以下三个方面。

第一,在全面总结国内外休闲、休闲产业和休闲度假旅游的相关研究基础上,明确休闲度假旅游在旅游产业转型升级以及旅游发展阶段所处的位置和所起的作用,并结合浙江省休闲度假旅游发展的实践完善相关理论。

第二,结合浙江省旅游资源特色,开展针对不同休闲度假旅游产品的旅游动机、旅游消费行为、游客满意度的调查研究,在此基础上形成对浙江省旅游业转型升级发展的对策建议。

第三,同时将文化、经济理论和新的资源观引入休闲度假旅游产品设计过程,拓宽休闲度假旅游研究领域,塑造浙江省休闲度假旅游发展的特色品牌和独特优势,并尝试建立休闲度假旅游产品体系。

2 休闲度假旅游相关主题研究综述

2.1 相关概念辨析

2.1.1 对休闲的认识

1. 如何定义休闲

"休"在《康熙字典》和《辞海》中有"吉庆、欢乐"的意思。《周易·家人》中讲到"闲有家",其中,"闲"通"娴",表达了思想的纯洁与安宁之意。古文中对"闲"的解释在词意的组合上,表达了人类生存过程中劳作与休憩的辩证关系,又喻示着物质生命活动之外的一种精神生命活动。①

马克思著作中"Free Time"被译为休闲,认为休闲是"用于娱乐和休息的余暇时间,以及发展智力、在精神上掌握自由的时间,是不被生产劳动所吸收的时间"②。此后的西方休闲学研究中,则一直使用"Leisure"一词,不仅强调"闲"——可自由支配的时间,而且突出"休"——即在此时间内所开展的活动和消遣方式。

纵观国内外休闲学理论的研究成果,学者们都普遍认为休闲已经成为人们生活的一个重要部分,所形成的对于休闲定义的核心观点是,"休

---

① 马惠娣:《休闲:人类美丽的精神家园》,中国经济出版社2004年版。
② 中共中央马克思恩格斯列宁斯大林著作编译局:《马克思恩格斯全集》(第26卷第3册),人民出版社1975年版。

闲是人的生命的一种状态,是一种'成为人'(Becoming)的过程,是一个人完成个人与社会发展任务的主要存在空间;休闲不仅是寻找快乐,也是在寻找生命的意义"①。美国学者杰弗瑞·戈比认为:休闲是复杂而非简单的概念和现象,是人的存在过程的一部分。休闲是从文化环境和物质环境的外在压力下解脱出来的一种相对自由的生活,它使个体能够以自己所喜爱的、本能地感到有价值的方式,在内心之爱驱动下行动,并为信仰提供一个基础。②

在此基础上,我们还可以进一步从以下三个角度来定义休闲。一是从时间的角度,休闲是在人们解决了吃饭、睡觉、看病、工作、家务等生理、生存问题之外所剩余的闲暇时间。二是从社会活动的角度,休闲是人们在承担完成职业、家庭、社会职责的基础上,让自由意志得以尽情发挥的时间,它可以是休息,可以是自娱自乐,可以是非功利性的增长知识和提高技能,也可以是主动参与某些社会组织活动,总之,是一种自愿和愉悦的活动。三是从人的身心状态的角度,如亚里士多德所言,休闲是"不需要考虑生存问题的心无羁绊"的状态,是人们从容、宁静、忘却时光流逝的状态。

2. 中外休闲价值观比较

中国古代思想家老子推崇"道法自然",认为人要活得自然、自由自在,心性尤其要悠然散淡,阐释了休闲的核心内涵。而孔子所主张的休闲观念是"不义而富且贵,于我如浮云",这与其积极入世、努力创造生命价值的人生哲学相辅相成。总体来看,中国人休闲价值观可以概括为:"君子之行,静以修身,俭以养德,非淡泊无以明志,非宁静无以致远。"③例如,东晋著名诗人陶渊明的"采菊东篱下,悠然见南山"就极具代表性地表达了休闲的最高境界——自我心境与天地自然的交流和融合,这种状态可以升华到更高层次的精神世界与客观世界的和谐统一。中国古代朴素的休闲观发展到今天,得到了更进一步的发展。例如,我国著名

① 马惠娣:《休闲:人类美丽的精神家园》,中国经济出版社 2004 年版。
② [美]杰弗瑞·戈比:《你生命中的休闲》,云南人民出版社 2000 年版。
③ 葛兆光:《中国思想史:导论思想史的写法》,复旦大学出版社 2010 年版。

休闲学研究者马惠娣（2004）①认为，休闲的一般意义有两个方面：一是消除体力的疲劳；二是获得精神上的慰藉。因此，中国人的休闲价值观"不在于提供物质财富或实用工具和技术，而是为人类构建意义的世界和守护精神的家园，使人类的心灵有所安顿、有所归依"。

古代西方世界的休闲价值观与中国古代的休闲价值观很相似。例如，古希腊思想家们把休闲看成是真善美的组成部分，并同知识、美德、愉快、幸福密不可分。亚里士多德认为"休闲可以使我获得更多的幸福感，可以保持内心的安宁"，他还把休闲看成是哲学、艺术和科学诞生的基本条件之一。现代西方世界的休闲价值观主要聚焦于休闲是衡量人类进步的标准和人类生存的真正目标等问题。休闲作为人的一种存在方式和生活方式，是人的价值存在的一种表现形式，是人的本体论意义之所在，也是马克思对人类生存真正目标的回答。② 马克思认为，人们有了充裕的休闲时间，就等于享有了充分发挥自己的一切美好兴趣、才能、才量的广阔空间，有了为"思想"提供自由驰骋的天地。在这个自由天地里，人们可以不再为谋取生活资料而奔波操劳，个人也才能够在艺术、科学等方面获得发展。从这个意义上说，休闲并非是消极的无事闲着，而是有着积极的意义，它为人们实现自我、追求高尚的精神生活，获得"畅"或"心醉神迷"（ecstasy）的心灵体验提供了机会。③

在西方社会，不仅休闲学研究者，而且社会学家、经济学家、哲学家都从不同角度对休闲作出定义。例如，社会学家把休闲看成一种社会建制，以及人的生活方式和生活态度，是促进人的个性发展的场所。经济学家则侧重于探讨休闲与经济的内在联系，认为应当根据休闲时间的变化，制定新的经济政策和促进消费政策，从而促进产业结构调整和新的市场的开拓。哲学家在进行休闲研究时，始终把休闲与人的本质联系在一起，认为休闲所以重要是因为它与实现人的自我价值和"精神的永恒性"密切相关。休闲本身是一种精神体验，是人与休闲环境融合的感觉，是人的社会性、生活意义、生命价值存在的享受。从审美的角度看休闲，

---

① 马惠娣：《休闲：人类美丽的精神家园》，中国经济出版社 2004 年版。

② 马惠娣：《休闲：人类美丽的精神家园》，中国经济出版社 2004 年版。

③ ［美］艾泽欧-阿荷拉：《休闲社会心理学》，谢彦君等译，中国旅游出版社 2010 年版。

它可以愉悦人的身心。①

综上所述，中外学者关于休闲价值观研究既有认识渊源上的相似性，也有研究角度上的差异性，形成了浩若烟海的研究成果。无论何种观点，对于现代休闲度假旅游研究都是重要的基础，也对我们发展休闲度假旅游具有深刻的指导意义。

2.1.2 休闲视角下的"旅游"认知

"旅游"在我国古代典籍里最早见于南北朝时期。当时南朝诗人沈约写有《悲哉行》，诗云："旅游媚年春，年春媚游人。徐光旦垂彩，和露晓凝津。"事实上，早在春秋战国时期，庄子就有了关于"旅"和"游"的论述，他在《逍遥游》中认为，旅游是一种"未数数然"的超功利性的自由行为，而旅行是一种"数数然"的有目的的功利性行为。这一观点通俗地来理解就是，旅游关注的是有意义的发现、创造和传播，而旅行主要是为实现一种目标而作的地理上的移动。②《周易·观卦》中也提到，"观国之光，利用宾于王"。"观光"一词，也成为现代旅游的同义词，日本等国家因受到中国文化的深刻影响，仍然将旅游、游览称为"观光"。

今天我们所使用的旅游——"tourism"一词，最早于 1811 年出现于《牛津词典》中，释义为"以消遣为动机的旅游理论与实践"。在不断吸收现代旅游、西方旅游某些特征的基础上，旅游被认为是"旅"和"游"双重行为结合的产物，是一种依赖现代交通工具的团体行为。

但是关于"旅游到底是什么，应该如何界定"这一问题，直到现在仍未在学术界达成共识。张凌云（2008）③在《国际上流行的旅游定义和概念综述》一文中提到，根据美国旅行资料中心（U. S. Travel Data Center）20 世纪 70 年代初所作的统计，关于旅游及旅游者的相关定义就达 43 种之多。目前，国际旅游学界对于旅游仍无统一的定义，较为流行和较有代表性的定义有 30 多种。综合来看，对旅游概念的探讨主要可分为两个方面。

---

① 马惠娣：《休闲：人类美丽的精神家园》，中国经济出版社 2004 年版。

② 张文：《旅游与文化》，旅游教育出版社 2002 年版。

③ 张凌云：《国际上流行的旅游定义和概念综述——兼对旅游本质的再认识》，《旅游学刊》2008 年第 1 期，第 86—91 页。

　　首先,旅游的广义和狭义的定义。广义的旅游被认为是一种因人际交往而产生的社会现象,即旅游者行为及其引发的社会现象与关系的总和。狭义的旅游则被认为是一种纯个人的休闲方式。在张凌云所罗列的旅游的 30 多种流行定义中,广义的观点有 15 个,狭义的观点有 12 个,还有其他的观点,这也显示出在定义旅游问题上始终存在的矛盾与撞击。王玉海(2010)[①]认为,定义旅游这一概念只能从旅游者的旅游需求与旅游活动出发,而不能从其引发的关系和现象出发。他认同狭义旅游观对于旅游定义的界定,认为旅游与劳动等概念一样,是一种人的行为,是一种经历、一种活动,是它本身,而不是它所引起的什么"关系"或"综合现象"。

　　其次,对旅游本质的辨析。纵观国内外各类旅游定义,以及日常人们对旅游概念的理解,可以得出对旅游本质的两个层面的分析。一是旅游,旅且游,也就是说,旅游必须同时具备旅行(空间位移)和游憩(闲暇时间的非惯常环境体验)两个条件。这一观点抓住了旅游的本质规定性,即空间的异地性和游憩的休闲性。二是旅游,旅或游,二者不必同时具备。所有的旅行都包括在旅游当中,除了个别特殊的旅行(如军事征伐、移居、异地就业等)外,其他因商务、会议等目的的差旅旅行(不管其是否伴有异地游憩或休闲行为)都被包含在旅游当中,因而才有了商务旅游、会议旅游之说,在这里旅行几乎等同于旅游。

　　上述两种对旅游本质的认识同样在学术界存在着支持和反对两种声音。例如,王玉海(2010)[②]认为就学术而言,旅游的定义只能锁定在狭义层面,即旅游是"旅且游","是人们利用闲暇时间对非惯常环境的一种体验,是一种短暂的生活方式和生存状态"。

　　从休闲的视角来看待旅游本质,旅游是一种在闲暇时间里脱离惯常的生活环境、工作环境和人际交往环境的一种体验活动,它是休闲的一种行为方式。这一认识是对狭义旅游定义的另一种解释。持相同观点

　　① 王玉海:《"旅游"概念新探——兼与谢彦君、张凌云两位教授商榷》,《旅游学刊》2010 年第 12 期,第 12—19 页。
　　② 王玉海:《"旅游"概念新探——兼与谢彦君、张凌云两位教授商榷》,《旅游学刊》2010 年第 12 期,第 12—19 页。

的旅游学者谢彦君(2011)①认为,旅游是以休闲为目的,是人们在闲暇时间里在异地获得的一项休闲体验活动。旅游的本质是愉悦体验和精神放松。现在,越来越多的学者都转换视角,将旅游看作是旅游者的一项个人行为,更注重从对个人休闲的本质认识上去界定旅游的概念。这方面的代表观点如表 2-1 所列。

表 2-1　休闲价值观视野下界定"旅游"定义的若干代表性观点

观点/定义	提出时间
旅游是人们利用余暇在异地获得的一次休闲体验,旅游是个人利用其自由时间并以寻求愉悦为目的而在异地获得的一次短暂的休闲体验	谢彦君,《基础旅游学》,中国旅游出版社 2011 年版
旅游的本质由"余暇+异地+休闲体验"三者共同决定,缺一不可。旅游是一种异地休闲活动,也是出于休闲目的的旅行活动	徐菊凤,《关于旅游学科基本概念的共识性问题》,《旅游学刊》2011 年第 10 期
旅游可以理解为是暂时在异地的人的闲暇时间活动,主要是出于修身养性;其次是获取教益、增长知识和扩大交际;再次是参加各种各样的有组织的活动,以及改变与此相关利益方的关系和作用	奥地利维也纳经济大学(VUE-BA)旅游研究所,1950 年
旅游是基于自由的动机而离开原居住地作旅行活动,并于逗留期间获得愉快的消费生活	[日]田中喜一,《观光事业论》,东京观光事业研究会,1950 年
旅游是一种消遣活动,它包括旅行或在离开定居地点较远的地方逗留,其目的在于消遣、休息或为了丰富个人的经历和文化教养	[法]让·梅特森,1966 年

2.1.3　休闲度假旅游的概念认知

目前,单纯的"度假"概念在学术界已有较多讨论,在文献资料中,更为常见的是"休闲度假"、"度假旅游"、"休闲度假旅游"等词汇,普遍认为度假是一种旅游方式,是对旅游行为的一种深化。在美式英语语境下,"度假旅游"常译为"vacation"或"vacation travel",英式英语语境下则译为"holiday travel"或"holiday making"。此外,还有一种观点将"度假旅游"译为"pleasure travel",即"享乐旅游"或"愉悦旅游"。

目前对于度假旅游的概念界定主要从以下三个方面给出。

---

① 谢彦君:《基础旅游学》,中国旅游出版社 2011 年版。

1. 度假旅游是一种休闲方式

将度假旅游作为一种休闲方式来进行定义表述的学术观点。例如，Strap(1988)[①]认为，度假旅游是"利用假日外出进行令精神和身体放松的康体休闲方式，休闲与度假密不可分"。Lamondia 等(2008)[②]认为，度假旅游是一种长距离的休闲旅游，这表明度假旅游本身就是一种休闲行为。Leiper(1984)[③]认为，度假旅游者在主观上希望得到三方面的满足：休息(从身心疲劳中恢复过来)、放松(减轻紧张感)、娱乐(摆脱单调沉闷的日常生活方式)。王崧(2004)[④]等将度假视为一种在常住地以外追求健康的休闲活动。徐菊凤(2008)[⑤]则将"休闲度假"定义为"人们利用假日在常住地以外的地方进行较少流动性、达到精神和身体放松目的的休闲旅游方式"。

2. 度假旅游是一种旅游方式

从度假旅游是一种旅游方式来进行定义表述的学术观点。例如，斯沃布鲁克和霍纳(2004)[⑥]认为，度假是一种享乐旅游，是一种获得身心愉悦与社会交往的旅游方式。吴必虎(2001)[⑦]认为，度假旅游是利用假期在一地相对较少流动性进行休养和娱乐的旅游方式。周建明(2003)[⑧]认

---

① Strap J. D. The Resort Cycle and Second Home. Annals of Tourism Research, 1988.

② Lamondia J., Bhat C. R., Hensher D. A. An Annual Time Use Model for Domestic Vacation Travel. Journal of Choice Modelling, 2008(1)：70-97.

③ Leiper N. Tourism and Leisure：The Significance of Tourism in the Leisure Spectrum. In：Cant G, Pearce D, O'Rourke B. Proceedings of the 12th New Zealand Geography Conference. Christchurch：new Zealand Geographical Society, 1984.

④ 王崧、韩振华：《探索我国度假旅游的发展道路》，《商业研究》2004 年第 20 期，第 121—124 页。

⑤ 徐菊凤：《中国休闲度假旅游研究》，东北财经大学出版社 2008 年版。

⑥ ［英］约翰·斯沃布鲁克、苏珊·霍纳：《旅游消费者行为学》，电子工业出版社 2004 年版。

⑦ 吴必虎：《大城市环城游憩带(ReBAM)研究——以上海市为例》，《地理科学》2001 年第 4 期，第 354—358 页。

⑧ 周建明：《旅游度假区的发展趋势和规划特点》，《国外城市规划》2003 年第 18 期，第 25—29 页。

为,度假旅游是以消磨闲暇、健身康体为主要目的,有明确目的地(良好的度假环境)的旅游活动。

3. 度假旅游是一种娱乐活动

从度假旅游是一种娱乐活动来进行定义表述的学术观点。例如,Aron(1997)[①]认为,度假旅游是离开居所,在某地进行为期数天的与工作和"日常生活"所不同的娱乐活动。

综上所述,国内外对于度假旅游概念的界定,主要是基于度假方式的动机、活动内容和特征的不同来进行的。中外学者普遍认为度假的动机一般是精神和身体放松、休养和娱乐、消磨闲暇、健身康体。在度假活动方式上,也形成了丰富的类型,如海滨度假、乡村度假、温泉疗养度假、山地避暑度假、运动体育度假、文化娱乐度假等。由此也可以看出,度假旅游是一个内容非常广泛的概念。

度假与休闲在本质上的追求是一致的,是要在一种"无所事事"的境界中达到积极的休息,在紧张的工作之后选择一处度假地,或游泳,或阅读,或徜徉于海滨,或漫步于森林草原,或置身于温煦的日光下,使身心完全放松。这种放松,完全有别于日常的工作节奏,是一个身心的调整。[②] 因此,度假的实质可以理解为"休闲度假"。结合前文对于旅游概念的探讨,在异地所进行的休闲度假可以使用"休闲度假旅游"来突显其特征。本书将其定义为:人们为达到放松和精神愉悦的目的,利用各类假期离开惯常生活环境的一种异地的休闲体验,时间可以是1～2天的周末假期,可以是3～5天的节日小长假,也可以是7天以上的中长假期。

2.1.4 休闲度假旅游的行为特征

1. 目的地选择相对固定集中

休闲度假旅游的目的地指向通常是一个较为固定的地点,这与传统

---

① Aron C. Working at Play: A History of the Vacation in the United Stated. New York: Oxford University Press,1999.

② 李洪:《都市群依托型山岳休闲度假地发展探讨——临安市建设"长三角休闲度假地"实证研究》,山东大学学位论文,2008年。

观光旅游"边走边看"、"连点成线"的状态有着巨大差异。休闲度假旅游者的目的性非常明确,通常是从居住地出发直接到达目的地,中途甚少停留,到达度假点之后,旅游活动呈现出以住宿地为中心向四周辐射的流动状态,从而形成一种"点对点、以度假目的地为大本营的轮轴式"的度假行为模式。①

2.目的地生态环境条件优越

休闲度假旅游的目的地通常是海滨、滑雪场、乡村、山区等环境优美的地方,以及自然环境条件优越的城市近郊。基于旅游者的最新需求和市场变化,这些度假旅游目的地都需要拥有高品质的生态环境,具体表现为植被覆盖率高、负氧离子高、空气质量好、水质量好、低噪音、无污染,以满足现代旅游者远离都市的喧嚣、在绿色世界中放松身心、回归自然的核心需求。

3.度假旅游活动日益多样化

在激烈的市场竞争条件下,度假旅游地的旅游活动也日益多样化,一些时尚的、新鲜的、富有挑战性的项目层出不穷,深受旅游者的喜爱。休闲度假旅游者常开展的活动项目主要可分为休闲观光类、娱乐类、体育类、健身类、特殊类等多个类型,具体见表 2-2。

表 2-2 常见的休闲度假旅游活动及类型

类型	具体活动内容
休闲观光类	观赏风景、文物古迹;体验民俗风情;到山林、湖滨、沙滩散步;进行日光浴、森林浴、沙浴、空气浴等
娱乐类	划船、垂钓、游泳、观看演出、参加节庆活动等
体育类	高尔夫球、网球、壁球、门球、保龄球、骑马、射箭、潜水、帆船、滑板、滑冰、滑雪等
健身类	桑拿、按摩、气功、医疗保健等
特殊类	狩猎、探险、漂流等

资料来源:明庆忠、李庆雷《旅游规划教程》,南开大学出版社 2006 年版。

---

① 杨振之、郭凌、蔡克信:《度假研究引论为海南国际旅游岛建设提供借鉴》,《旅游学刊》2010 年第 9 期,第 12—19 页。

2.1.5　观光旅游与休闲度假旅游的关系辨析

长期以来,在中国旅游市场上占主流的旅游方式就是观光旅游,即到著名的风景名胜和文化古迹所在地观光游览,同时包括度假性观光旅游和事务性观光旅游。值得注意的是,观光旅游与观光旅游活动的含义是不一样的,观光旅游是一种旅游发展阶段和旅游产品形式,而观光旅游活动既可存在于观光旅游产品中,也可存在于休闲度假旅游产品中。二者之间的差异在于:休闲度假旅游中的观光旅游活动具有"休闲性"和"一地停留观光游览"等特点,是休闲性的观光旅游;而观光旅游中的观光旅游活动多具有"求知性"和"多节点短时逗留"特点,属于求知性观光旅游。二者之间的主要目的和表现性特征显然是不一样的。

休闲度假旅游被认为是旅游发展到高级阶段的一种旅游产品形式,与传统的观光旅游相对应。自 20 世纪 90 年代起,学术界对休闲度假旅游与观光旅游的差异就一直存有争辩。肖潜辉(1991)[①]发现,当时中国针对入境旅游市场的产品主要是初级的周游式观光旅游产品,约占70%,而国际上以及东亚其他国家的入境游客则以非观光型的为主。此后,我国学术界不断有人提及度假旅游与观光旅游的关系。刘家明(2003)[②]从多个角度对度假旅游和观光旅游进行了辨析,认为二者的不同主要包括:一是活动方式不同。观光旅游以看景为主,度假旅游以住宿和康体休闲活动为主。二是出行线路不同。度假旅游短线多,观光旅游长线多。三是活动规律不同。度假旅游直达度假地并一地停留,观光旅游则多点停留。四是需求资源不同。度假旅游要求气候好、环境优美,观光旅游对此无高要求。五是依托市场不同。度假旅游多为家庭出游,观光旅游多为个人及团队游。

国外学术界对于上述两个概念的区分与我国略有差异。Pearce 着重指出休闲度假旅游与观光旅游的差异在于出游动机的不同。他认为度假旅游的动机是"推力"作用的结果,很大部分出自人的内在需求,包

---

① 肖潜辉:《我国旅游业的产品反思及其战略》,《旅游学刊》1991 年第 2 期,第 7—14 页。

② 刘家明:《旅游度假区发展演化规律的初步探讨》,《地理科学进展》2003 年第 2 期,第 211—216 页。

括生理和心理的放松、康复,活动目的是康体休闲;而观光旅游的出游动机是"拉力"作用的结果,出于获得知识、增长见识的需求。英国 HENE-LEY 研究中心将出国度假旅游者主要划分为四个层面,其一是纯观光型旅游者,他们富裕程度较低并缺少旅游经验,主要的出游动机是好奇。其二是追求理想经历的旅游者,他们更为富裕和更加自信,倾向于地域和文化差异更明显的度假地。其三是开阔眼界的旅游者,他们更富有旅游经验,倾向于以自我为导向的、范围更广的旅行。其四是完全沉浸的旅游者,他们的行为几乎超越了旅游的层次,完全融入目的地国的语言、文化、传统和生活方式上。①

综合国内外学术界对观光旅游与休闲度假旅游的辨析观点,我们将二者的区别归纳为五个方面,详见表 2-3。

表 2-3　观光旅游与休闲度假旅游的主要区别

	观光旅游	休闲度假旅游
旅游动机	审美、求知	休息放松、健康
旅游形式	一地多点停留或多地多点停留	一地少点停留
旅游时间安排	旅游活动时间紧凑	旅游活动时间比较休闲、宽松
旅游资源要求	对景观资源要求较高,注重旅游资源的新、奇、特	对旅游设施和度假环境要求较高,如舒适的住宿、康体娱乐设施
目的地性质	自然风景优美和人文景观独特的名胜古迹地	生态环境优美、度假配套设施完善的乡村、都市、海滨、温泉度假地

尽管观光旅游与休闲度假旅游存在着诸多方面的不同和差异,但是在进行旅游统计时,二者的边界常常较为模糊,难以完全区分。因此,有一种观点认为,只需在划分旅游产品形式时将二者分开即可,在旅游统计时不应将二者分开。将观光游览、休闲度假、健康疗养、宗教朝拜、娱乐购物等纳入休闲度假旅游类别中,而将探亲访友、商务会展、会议培训、文化科技交流等归于事务性旅游中比较科学。这一观点在实际操作过程中是否科学可行还有待进一步的论证。

---

① 徐菊凤:《中国休闲度假旅游研究》,东北财经大学出版社 2008 年版。

2.1.6　休闲度假旅游与游憩的关系

游憩的概念最早出现在 1933 年颁布的《雅典宪章》中。《雅典宪章》明确了城市应具备的四大功能,即工作、居住、交通和游憩。游憩是一个涵盖休闲和旅游、范畴更为广阔的概念,所以游憩活动与休闲旅游活动之间息息相关。

国外学者 Cordes(2003)[①]将游憩定义为,在闲暇时间里主动参与的,对参与者来说是有意义的和快乐的活动。Mercer(2003)则认为,游憩是指相对于工作活动而言的、在闲暇时间发生的户外或室内创造性或消遣性活动。[②] 保继刚(1999)[③]在其所著的《旅游地理学》中提出:游憩一般是指人们在闲暇时间所进行的各种活动;游憩可以恢复人的体力和精力,它包含的范围极其广泛,从在家看电视到外出度假都属于游憩。总而言之,游憩可以理解为是在闲暇时间内所进行的以放松身心、恢复体力和精力为目的的户外休闲活动,主要包括非竞技性的运动、娱乐、户外散步、游览、游戏等等。游憩活动可以划分为四个层次:室内游憩、社区游憩、城市游憩和地区游憩。其中,地区游憩是指人们到远离居住地的地方所开展的度假、观光、修学、健身等活动。常见的一些游憩活动,尤其是户外游憩活动与休闲旅游之间有着许多相似之处,如在森林公园、海滨海岛等地开展的观光、漫步、野营、野餐、野生动物观赏、狩猎、钓鱼、山地自行车、游泳、划船、滑雪、探险、疗养、考察、教育等游憩活动,与前文中所提到的休闲旅游活动完全一致。

2.1.7　休闲度假旅游的主流类别

休闲度假旅游是一个很广泛的概念,是以消闲、健身为目的的一种旅游形式。它包含了多种度假旅游方式,如海滨度假、温泉疗养度假、休闲农业、山地避暑度假、休闲体育、文化娱乐等。[④] 结合目前国际上休闲

---

① 　Cordes K. A. Applications in Recreation and Leisure:For Today and the Future. New York:McGrawHill Company,2003.

② 　朱亚茹:《国外户外游憩研究综述》,中国自然资源学会 2011 学术年会会议论文。

③ 　保继刚:《旅游地理学》,高等教育出版社 1999 年版。

④ 　黄郁成:《新概念旅游开发》,对外经济贸易大学出版社 2002 年版。

度假旅游的发展现状,较为主流的产品类别主要有以下几类。

1. 滨海休闲度假旅游

滨海休闲度假旅游是以海滨浴场为基础,依托人所共知的"3S"旅游资源,主要供给海水浴、沙浴、阳光浴、冲浪、潜水、海洋科考等旅游产品,度假地的生态环境、餐饮和服务也同样极具吸引力。[①]

滨海休闲度假旅游起源于拉丁美洲的加勒比海地区,之后逐步扩展到欧美和亚太地区。在全球度假旅游市场上,滨海度假旅游占有率始终位居第一,是经久不衰的度假旅游方式之一。目前,世界范围内知名的滨海度假旅游目的地主要集中在加勒比海和墨西哥湾沿岸、印度洋岛群、地中海沿岸。我国则主要集中于山东半岛、辽东半岛、珠江三角洲和海南岛。

海滨地区具有得天独厚的度假资源条件,宜人的气候、迷人的海滩,适合于开展日光浴、游泳戏水和船艇运动,对于某些疾病旅游者还具有疗养、保健等作用;海滨地区气候温和、阳光充足,空气中负氧离子比重大,空气清新,加之大海能够让人心胸开阔,使人心情舒畅,特别适宜贫血、哮喘、喉炎、鼻炎、精神郁闷等患者的康复治疗和大多数人的强身健体;此外,在海滩享受日光浴能够增加人体的维生素 D,改善钙磷代谢,增强免疫力。

2. 湖泊休闲度假旅游

湖泊休闲度假旅游依托天然或人工湖泊、河流等资源,以开展水上旅游活动为主,主要提供游泳、跳水、划艇、漂流等旅游产品。

湖泊休闲度假旅游始于 18 世纪的欧洲,之后经过长期的发展形成一种全球性的旅游形式。由于湖泊资源是一种遍在型资源,所以世界各地的湖泊型旅游度假区也星罗棋布。我国的湖泊休闲度假旅游始于 20 世纪 90 年代,当时主要以公办的疗养院等为主,以太湖、滇池等地区为代表。在 1992 年所确立的 12 个国家级旅游度假区中,就包括了无锡太湖

---

① 杨振之:《论度假旅游资源的分类与评价》,《旅游学刊》2006 年第 2 期,第 30—34 页。

和苏州太湖两个湖泊型度假区。此后,湖泊型度假区逐渐增多,主要集中于长三角地区,并以江苏、浙江两省最为突出。

湖泊休闲度假旅游的开展,首先要选择在内陆湖泊或河流附近建设的旅游度假地;其次,度假地应具有迷人的水上风景和温馨、朴素的乡村风貌,适合开展康体疗养、水上运动等;再次,湖泊休闲度假需要拥有较好的水体条件,包括水体的面积大小、深浅程度和水质质量等。

3.山地休闲度假旅游

山地休闲度假旅游以山地森林或高山滑雪场为基础,依托山地丰富的地形地貌和多样化的生态环境以及气候气象,主要供给登山、滑雪、攀岩、跳伞、徒步、日光浴、森林浴等旅游产品。

世界上有很多著名的山地旅游度假区,其中欧洲的阿尔卑斯山是经典代表。我国的山地休闲度假旅游起步较早,在古代历史上就已经形成了"五岳"、"四大佛教名山"、"四大道教名山"的说法。此后,山区由于植被覆盖率高、夏季气温凉爽,是绝佳的避暑胜地,因此,一直是人们重要的度假旅游选择。

姜辽、张述林(2007)[①]对山地开展休闲度假旅游的优势条件进行了综述,主要包括:山地森林环境可以调节气候,美化环境;各种动植物在此繁衍生息,可供人们观赏;山地清新的空气(如负氧离子)为疗养者所喜爱;垂直气候带则是发展立体观光农业的良好基地;山地中散落的宗教人文遗产使一些山地成为著名的宗教旅游地;险峻的山峰和雪山已成为开展登山运动和滑雪运动的重要场所。

山地休闲度假旅游的发展虽然历史悠久,但是发展势头仍然强劲。究其原因,主要是山地休闲度假旅游符合现代人多个方面的旅游需求。例如,人们在山地森林环境下可以充分地享受自然山水和新鲜空气带来的身心愉悦与放松,可以远离城市的喧嚣和空气污染;山地环境下,人们能够开展多种体育健身运动;山地旅游活动将自然生态旅游与历史文化旅游很好地结合在一起,选择面广,能够满足不同消费层次人群的需求。

---

① 姜辽、张述林:《国内外山地旅游环境研究综述》,《重庆师范大学学报》(自然科学版)2007年第4期,第77—81页。

4. 乡村休闲度假旅游

乡村休闲度假旅游依托乡村田园风光、良好的生态环境和乡村特色餐饮等资源,主要开展农业采摘、民俗风情体验、民间节庆活动、农家生活体验等度假旅游活动。

何景明(2003)[①]认为,乡村休闲度假旅游是指在乡村地区,以具有乡村性的自然和人文客体为旅游吸引物的旅游活动。唐代剑、池静(2005)[②]认为,乡村休闲度假旅游是一种凭借城市周边以及比较偏远地带的自然资源和人文资源,面向城市居民开发的集参与性、娱乐性、享受性、科技性于一身的休闲旅游产品。它的本质特性是乡土性。

乡村休闲度假旅游兴起于19世纪的欧洲,它是在工业化和城市化进程不断加剧,以及大城市的交通拥挤和人口稠密问题日益严重的背景下产生的。尤其是城市近郊的乡村休闲度假旅游,具有邻近城市客源市场、消费低等特点,因此发展十分迅速,甚至出现了每逢节假日,城市居民纷纷向城市郊区扩散的现象。我国的乡村休闲度假旅游20世纪90年代得到迅速发展,在大城市的周边建成了众多的乡村休闲度假旅游地,发展潜力巨大。目前,我国的乡村休闲度假旅游正处于大规模发展的初级阶段,在产品品质和开发深度方面与国外许多国家相比,还存在很大的差距。

5. 温泉休闲度假旅游

温泉休闲度假旅游是以温矿泉浴疗场为基础,以沐浴温泉、体验温泉主题文化为主要内容,以健康养生、休闲度假为核心目的的旅游活动。

温泉休闲度假旅游兴起于古罗马,是历史最为悠久的度假旅游类型,此后由希腊人、土耳其人和罗马人传播到北非海岸、德国南部、瑞士以及英国。温泉休闲度假旅游在世界范围内发展迅速,尤以美国和日本最为闻名。2000年,国际温泉疗养协会(ISPA)行业调查研究显示,温泉休闲度假旅游正在以每四年翻一番的速度向前发展。我国的温泉休闲

① 何景明:《国外乡村旅游研究述评》,《旅游学刊》2003年第1期,第76—80页。
② 唐代剑、池静:《中国乡村旅游开发与管理》,浙江大学出版社2005年版。

度假旅游兴起于广东地区,现在在全国各地都掀起了温泉休闲度假旅游的热潮。

6.都(城)市休闲度假旅游

都(城)市休闲度假旅游把城市,尤其是大都市作为度假旅游目的地,整个城市空间就是旅游者的度假空间,因而也有了"度假旅游城市"的概念。Jansen-Verbeke(1985)[①]在其提出的休闲产品(leisure product)概念中认为,"城市是娱乐、休闲的生产地",并指出:各类设施能够在城市聚集;城市是一个活动的地方,各项供给功能齐全,特别是主要的旅游吸引物都集中于此;城市是休闲之地,包括城市建筑环境的物质因素,以及由于社会和文化的特征赋予城市特定的鲜明形象。而城市之所以能够成为人们度假旅游的目的地,除了因为传统度假产品的吸引力之外,更重要的因素正是城市作为"娱乐、休闲生产地"的特性。[②]

都(城)市休闲度假旅游产品是一系列相关要素的组合,主要包括城市观光、文化娱乐、美食休闲、购物娱乐、运动休闲、博物馆旅游、可移型娱乐等。吴必虎、黄潇婷(2011)[③]提出城市休闲度假旅游的产品体系由传统度假旅游产品系统、城市休闲要素系统和城市娱乐要素系统三个部分组成(见表2-4)。

表 2-4 城市休闲度假旅游产品体系

休闲度假旅游产品	类别
传统度假旅游产品系统	海滨度假旅游
	温泉度假旅游
	山地/滑雪度假旅游
	乡村度假旅游

---

① Jansen-Verbeke. Leisure Recreation and Tourism in Inner Cities:Explorative Case Studies. Netherlands Geographical Studies,1985.

② 俞晟:《城市旅游与城市游憩学》,华东师范大学出版社2003年版。

③ 吴必虎、黄潇婷:《休闲度假城市旅游规划》,中国旅游出版社2010年版。

续表

休闲度假旅游产品	类别	
城市休闲要素系统	城市游憩空间系统	市内步行系统
		环城游憩系统
		快乐购物系统
	城市休闲设施系统	娱乐休闲设施
		体育休闲设施
	城市休闲产品系统	观光休闲
		文化休闲
		美食休闲
		购物休闲
		体育休闲
		高端休闲
		博物馆文化产品
		可移型娱乐产品
城市娱乐要素系统	娱乐产业集群	
	城市节庆策划	
	城市夜游系统	

资料来源：吴必虎、黄潇婷《休闲度假城市旅游规划》，中国旅游出版社 2010 年版。

7. 流动休闲度假旅游

此类休闲度假旅游是以游船、游轮和豪华的旅游列车等现代交通工具为依托所进行的度假活动。流动类休闲度假旅游活动中，游客主要是在移动的交通工具上游览沿途的风景名胜，与此同时，交通工具本身也能够提供给游客多重的度假体验。例如，在邮轮休闲度假旅游中，游客不仅能够品尝世界各国的美食，而且能够欣赏演艺表演，参与各项娱乐活动，以及游泳、健身、球类等多项体育健身运动，能够得到多重休闲旅游体验。

2.2　国外休闲度假旅游研究综述

2.2.1　休闲度假旅游研究的出现

长期以来,国外学术界对于休闲的研究成果较多,但是忽略了"旅游"这一关键的概念。当国外旅游发展到一定阶段后,才有学者开始对休闲旅游、度假旅游进行讨论,20 世纪 70 年代至 90 年代间研究成果较为集中,并且开始出现对休闲旅游、度假旅游发展趋势的预测。

"休闲度假旅游"在国外没有作为专有名词出现,通过阅读和检索国外文献可以知道,对"休闲"的研究最早进入学者的视野,其次是娱乐(recreation)和旅游(tourism),再次是三者的结合产生了休闲旅游和娱乐旅游。在国外研究中,度假旅游可以理解为休闲的一种方式,即人们在假期时间段产生的远距离休闲旅游行为。

Moore 等(1995)[1]认为,区分旅游和休闲的概念很重要。通过对比研究,他们认为旅游不是休闲的一种形式,旅游和休闲被运用到的领域不同,其概念也会不同。休闲行为是没有目的的,而旅游行为是有目的;从哲学的角度看,休闲行为是一种对人类存在状态的反应;同时休闲更多的是人精神上的感知。Smith 和 Godbey(1991)[2]认为,娱乐和休闲的发展对旅游业的贡献很大,娱乐旅游的目的是对工作的发泄和放松,而休闲更多的是一种状态上的愉悦,其目的可能来自工作,也可能来自其他原因。

2.2.2　休闲度假旅游趋势的预测

自 20 世纪以来,国外学者一直注重探讨休闲旅游发展的趋势,并且不断地将具有时代性的新思想融入休闲度假旅游的发展研究中。

---

① Moore K., Cushman G., Simmons D. Behavioral Conceptualization of Tourism and Leisure. Annals of Tourism Research, 1995(1):67-85.

② Smith S. L. J., Godbey G. C. Leisure, Recreation and Tourism. Annals of Tourism Research, 1991(1):85-100.

Schwaninger(1984)①从经济、环境、生态、科技、政治等方面预测了2000 年到 2010 年十年间休闲旅游的发展。Huber(1990)②认为,旅游行业发展的趋势是旅游者倾向于寻找定制化的产品来满足自己的需求,所以休闲旅游是未来旅游发展的方向。

度假旅游是西方国家的主流旅游方式。国外研究一直倾向于将传统的度假产品作为旅游的核心产品,把传统的度假者作为旅游者(斯沃布鲁克、霍纳,2004)③。Can 和 Hongbing(2011)④指出,"低碳旅游"在近年来受到重视,低碳旅游通过旅游者亲身参加与低碳相关的旅游活动来提升旅游者体验,与度假旅游强调的体验相通,并能够带来经济和社会效益。

2.2.3 关注度假旅游地的环境问题

前文提到,度假旅游地存在的一个核心条件是优越的自然生态环境。但是,旅游开发又不可避免地带来环境的破坏,环境问题也日益突显。因此,在如何有效地解决度假旅游地的环境压力这一方面也形成了一定的研究成果。

Varley 和 Medway(2011)⑤研究了气候变化对苏格兰山地度假旅游地的影响。他们主要提出了几个问题:CML(Cairngorm Mountain Limited)景点基础设施建设对游客体验的影响是什么? 游客现在对环境的需求是什么? 生态哲学如何吸引旅游者的注意力? 研究所得出的结论是,对景点外观的改变可以对旅游者的体验造成直接影响。在生态的观念下,景区更应该把基础设施改成木头制的而不是水泥制的。其他地方

---

① Schwaninger M. Forecasting leisure and Tourism-Scenario Projections for 2000—2010. Tourism Management,1984(4):250-257.

② Huber K. Semantic Distinction between Holiday and Leisure Time. Annals of Tourism Research,1990(4):616-618.

③ [英]约翰·斯沃布鲁克、苏珊·霍纳:《旅游消费者行为学》,电子工业出版社 2004 年版。

④ Can H.,Hongbing D. The Model of Developing Low-Carbon Tourism in the Context of Leisure Economy. Energy Procedia,2011(3):1974-1978.

⑤ Varley P.,Medway D. Ecosophy and Tourism:Rethinking a Mountain Resort. Tourism Management,2011(4):902-911.

也应该从 CML 景点建设面对的问题中吸取教训,积极地思考当地的核心竞争力究竟是什么。Holding(2011)①在其研究中提到一个由欧洲基金会发起的旨在减少旅游者对汽车依赖的计划。该计划由阿尔卑斯区域很多当地经营者共同提出。他以两个地区为例,通过对游客的态度调查分析了这个计划实施的效果,结果发现因为拥有私家车的人数增多,让游客去支持这个计划还有一定的难度,对于政府来说这个计划将更具压力。

2.2.4 休闲度假旅游的个案研究

不少国外研究学者关注休闲度假旅游中一个群体,或者是一个地方的发展,通过个案研究的方法探讨度假旅游发展的文献增多。我们可以从以下几篇代表文献了解其研究创新的视角。

Shaw 和 Coles(2004)②提出目前的休假制度中存在着对残疾人不利的因素,缺少对残疾人群体的关注,导致残疾人无法正常和积极地进行假日旅游活动。作者认为残疾人的假期旅游设计比人们想象的要复杂得多,残疾人的休闲度假旅游更应该受到人们的重视。Kim 和 Lehto (2012)③探讨了以家庭为单位的休闲度假旅游行为。他们指出家庭是休闲度假旅游的一个重要单位,过去的学术研究对家庭休闲行为的研究也很多,但是对残疾人家庭休闲度假旅游的研究较少,因而他们研究朝鲜残疾儿童的旅游动机和活动。通过因子分析发现,久坐不动的户外活动是家庭休闲度假旅游最主要的选择。Yermack(2014)④注意到公司 CEO 们在参与出差等工作后通常会就近选择休闲度假旅游地进行休憩。作者研究了 CEO 度假期间公司信息的变化,发现当 CEO 度假回来之后公司的股票价格会呈积极的走势。公司信息发布不仅仅与其利益相关者

① Holding D. M. The Sanfte Mobilitaet Project: Achieving Reduced Car-Dependence in European Resort Areas. Tourism Management,2001(4):411-417.

② Shaw G., Coles T. Disability, Holiday Making and the Tourism Industry in the UK: a Preliminary Survey. Tourism Management,2004(3):397-403.

③ Kim S., Lehto X. Y. Travel by Families with Children Possessing Disabilities: Motives and Activities. Tourism Management,2012(1):13-24.

④ Yermack D. Tailspotting: Identifying and Profiting from CEO Vacation Trips. Journal of Financial Economics,2014(2):252-269.

有关,也与 CEO 的行程和活动有关。

Agarwal 和 Brunt(2006)①通过 IMD 指数(Index of Multiple Deprivation)衡量了英国海滨休闲度假旅游地的社会排斥程度。研究结论表明,社会排斥往往与贫穷、不公、剥夺有关,由于老人增多和年轻外地人的加入,海滨休闲度假旅游地区的人口类型更加多样化,新成员的加入也提高了失业率,加剧了度假地的剥夺现象,出现了明显的排斥,从而进一步引发英国海滨休闲度假旅游下降的趋势。

Goncalves(2012)②强调在法国的所有休闲度假旅游中,滑雪度假旅游占据 18% 的比例,滑雪度假旅游带来了很多社会和经济效益。作者使用 LPI(Luenberger Productivity Indicator)方法来评价法国滑雪度假旅游的生产力,发现在测定的时间内,法国的滑雪度假旅游地的生产力下降,一些地方表现为效率指数下降,一些地方表现为科技指数下降,而且较大旅游度假区的效率指数比较小旅游度假区的效率指数高。基于此,作者提出滑雪度假旅游地提高吸引力的关键在于滑雪教授技术的提升和科技元素的融入,同时保证价格的稳定。

Barbieri 和 Sotomayor(2012)③认为,冲浪旅游是冒险休闲旅游中的一种。作者设计了调查问卷,了解冲浪旅游者的旅游偏好、对冲浪旅游的评价和基本休息等方面的内容。结果发现旅游者的满意度与市场策略的影响度之间关系很大。旅游者会更倾向去市场知名度高的地方,这对于发展相对欠缺的旅游地来说造成了挑战。

Chapman 和 Speake(2011)④认为,马耳他的国际旅游形象包括有质量的住宿、有吸引力的美感、城市安静和文化吸引力。近年来马耳他的旅游业虽然受到附近旅游地发展的冲击,马耳他还是以其独特的方式,

① Agarwal S. , Brunt P. Social Exclusion and English Seaside Resorts. Tourism Management,2006(4):654-670.

② Goncalves O. Efficiency and Productivity of French Ski Resorts. Tourism Management,2012(6):650-657.

③ Barbieri C. , Sotomayor S. Surf travel Behavior and Destination Preferences:An Application of the Serious Leisure Inventory and Measure. Tourism Management,2012(6):111-121.

④ Chapman A. , Speake J. Regeneration in a Mass-Tourism Resort. Malta. Tourism Management,2011(3):482-491.

比如廉价的住宿等获得了旅游者的青睐。作者分析了马耳他国家旅游宏观政策变化对马耳他岛巴吉巴的影响，并且从旅游转型的难点、文化、城市形象设计和建筑等方面建议了巴吉巴今后努力的方向。

2.2.5 休闲度假旅游影响因素的实证研究

国外的旅游研究一直都非常重视通过调研和数据分析的方式完成实证研究。这一研究思路在休闲度假旅游研究领域也较为常见。

Zalatan(1996)[①]的市场调查统计结果发现，不同年龄层和教育水平的旅游者中都有各自比较稳定的休闲度假旅游决策方式。例如，受教育水平较高的人会在安排度假旅行计划方面花费更多时间，而且年龄和距离对于旅游中间商的选择也有着重要的影响。Sussmann 和 Rashcovsky(1997)[②]通过回顾文献的方法分别对英国籍加拿大人和法国籍加拿大人的休闲度假旅游模式进行了跨文化分析，又通过 SPSS 软件对上述旅游者参与假日旅行的次数、旅游信息的获取来源、媒体语言的使用、住宿的选择，以及人口信息和社会经济信息等内容进行了数据分析。Besser 和 Priel(2006)[③]建立了休闲度假旅游中接触度、积极期望、满意度之间的模型，并通过对以色列旅游者的访谈调查对上述三者之间的关系进行了分析。Gronau 和 Kagermeier(2007)[④]重点关注休闲度假旅游交通成功发展的因素。作者介绍了 Clichés 假日休闲度假旅游的交通情况——假日休闲度假旅游交通问题频发，主要的问题在于私家车的增多，有效的解决办法不应该只通过限制的方式，而是应该增加公共交通的吸引力和可达性，完善公共交通的设施，处理好公共交通与私人车辆的关系。

---

① Zalatan A. The Determinants of Planning Time in Vacation Travel. Tourism Management，1996(2):123-131.

② Sussmann S. , Rashcovsky C. A Cross-Cultural Analysis of English and French Canadian's Vacation Travel patterns. International Journal of Hospitality Management，1997(2):191-208.

③ Besser A. , Priel B. Models of Attachment, Confirmation of Positive Affective Expectations, and Satisfaction with Vacation Activities: A Pre-Post Panel Design Study of Leisure. Personality and Individual Differences，2006(6): 1055-1065.

④ Gronau W. , Kagermeier A. Key Factors for Successful Leisure and Tourism Public Transport Provision. Journal of Transport Geography，2007(2):127-135.

Klein-Vielhauer(2009)[①]评估了休闲度假旅游背景下旅游资源的可持续发展。作者建立了包括 15 个模块的评测系统,研究了德国旅游发展中非再生资源的可持续利用。研究表明,应该关注经济、环境、社会文化来保持旅游资源的代际稳定性,并从不同的维度来看它们对休闲度假旅游可持续性的影响。同时,政府和非政府机构应该作出更好的决策来影响个人的休闲度假旅游决定。

Alegre 等(2013)[②]从地理位置对价格的影响出发,使用享乐价格模型分析了旅游度假地价格的变化。数据的来源主要是旅行社全包价旅游的酒店,其运营商来源于英国和德国。他们收集了影响酒店价格的因素,包括酒店位置、居住天数等方面,在此基础上建立了实证模型。研究发现,英国酒店与德国酒店的差异在于,英国人对远离市中心的酒店需要支付更高的价格,而德国人则对市中心的酒店支付更高的价格。Grigolon 等(2013)[③]基于 CVO 数据库建立了衡量旅游者选择度假时间长短的模型,该数据库中每年都会有超过 6500 个人在上面记录自己的度假选择。独立变量包括人们的家庭生活方式、收入等内容。作者通过分析找到人们度假旅游时间长短与这些独立变量之间的关系,并发现度假时间的长度与生命周期阶段、季节以及过往旅游选择之间也相关。Bloom 等(2014)[④]使用 Alternative Uses Task 的研究方法——一个专门测试人的创造力的方法,对 46 位参与研究的旅游者度假前后的潜在创造力进行了分析。研究发现,参与休闲度假旅游,以及休闲度假旅游过程中的情感认知变化对于人的创造力提升并没有直接影响。为什么休闲

① Klein-Vielhauer S. Framework Model to Assess Leisure and Tourism sustainability. Journal of Cleaner Production,2009(4):447-454.

② Alegre J., Cladera M., Sard M. Tourist Areas: Examining the Effects of Location Attributes on Tour-operator Package Holiday prices. Tourism Management,2013(2):131-141.

③ Grigolon A. B., Borgers A. W. J., Kemperman A. D. A. M., Timmermans H. J. P. Vacation Length Choice: A Dynamic Mixed Multinomial Logit Model. Tourism Management,2013(9):158-167.

④ Bloom J., Ritter S., Kühnel J., Reinders J., Geurts S. Vacation from Work: A "Ticket to Creativity"?: The Effects of Recreational Travel on Cognitive Flexibility and Originality. Tourism Management,2014(3):164-171.

度假旅游看起来能够提升人们的创造力,这一命题还需要更为深入的研究去证明。Chang 和 Gibson(2014)[1]对美国中西部大学生发放网络调查问卷,研究了休闲参与度、休闲忠诚度、休闲承诺度、休闲一致性对消费者个人决策的影响。多元回归分析表明四个因子之间的关系不一致。

2.3 国内休闲度假旅游研究综述

2.3.1 对休闲度假旅游的界定

国内学术界对休闲度假旅游的界定也没有达成共识,大多数学者在研究中提出了个人的观点。通过以下几篇文献可以大致了解国内学者对休闲度假旅游的看法。

潘健(2007)[2]认为,休闲度假旅游是指以休闲、健身、疗养及短期居住度假为目的的旅游活动,是随着带薪假期的增多而出现的。与传统观光旅游相比,更强调安全宁静、优美的环境和丰富多彩的生活,能增进身心健康和提供高质量的服务,以得到消闲健身的目的,使身心得到愉快的享受。黄燕玲、黄震方(2007)[3]认为,旅游是休闲的一种积极方式,度假旅游又是旅游产品的一种形式,从时间长短可分为长期度假和中短期度假。郭剑英、熊明均(2009)[4]认为,严格意义上讲休闲度假旅游是指休闲旅游与度假旅游的结合,度假旅游强调的是人们利用闲暇时间,包括常规法定休息日和假期到异地进行放松、体验、娱乐、健康和自我完善目

① Chang S., Gibson H. J. The Relationships Between Four Concepts (Involvement, Commitment, Loyalty, and Habit) and Consistency in Behavior Across Leisure and Tourism. Tourism Management Perspectives,2014(11):41-50.

② 潘健:《大连地热开发对短途休闲度假旅游的带动作用》,辽宁师范大学学位论文,2007 年。

③ 黄燕玲、黄震方:《城市居民休闲度假旅游需求实证研究——以南京为例》,《人文地理》2007 年第 3 期,第 60—64 页。

④ 郭剑英、熊明均:《峨眉山休闲度假旅游目的地建设研究》,《特区经济》2009 年第 9 期,第 148—150 页。

的的行为和过程。吕余生(2009)①认为,休闲度假旅游是指人们在休闲时间里,离开自己居住地一定时间和距离,进入旅游目的地,在当地文化环境和自然条件下,使自己身心得到放松、愉悦的旅游活动,是一种跨时空、跨文化的休闲。罗群(2011)②认为,休闲度假旅游是旅游者支配自己的闲暇时间,以休闲为目的而进行的度假旅游活动,通过健身休养、消遣、娱乐、享受美食等方式来放松身心,获得愉悦的精神享受,不断提高生活品质的一种旅游方式。

2.3.2 对休闲度假旅游目的地发展趋势和发展思路的探讨

针对休闲度假旅游目的地的建设,不少学者从当地休闲度假旅游发展的方向进行了预测,主要内容表现为分析目前发展形势、了解当地度假旅游发展的需求、提出发展规划建议等。

张登祥、苏忖安(2002)③指出,与国外度假旅游发达地区以海滨度假为主导的发展模式不同,我国湖泊旅游地是当前休闲度假旅游的主要目的地。因而如何使水库、湖泊休闲度假旅游在城市不断更新的进程中获得新生是目前许多城市建设中面临的现实性课题。陈丽华(2008)④重点分析了北京旅游需求转型的四种表现形式——旅游产品供给的变化、居民收入水平的变化、消费结构的变化和制度的变化。在此基础上,通过实地调研、文献资料分析和比较研究,对需求转型条件下北京休闲度假旅游集约化发展进行了研究。邹开敏(2008)⑤认为,如何从单纯观光旅游转向休闲度假旅游已成为目前周庄所面临的紧迫课题,作者提出的解决办法是基于游客的需求设计民宿产品,重视居民参与,增加民俗文化

---

① 吕余生:《发展广西休闲度假旅游的探讨与思考》,《沿海企业与科技》2009 年第 10 期,第 97—99 页。

② 罗群:《休闲度假旅游者旅游动机与消费行为研究》,杭州电子科技大学学位论文,2011 年。

③ 张登祥、苏忖安:《醴陵市官庄水库输水隧洞结构安全分析及处理》,《长沙电力学院学报》(自然科学版)2002 年第 4 期,第 83—85 页。

④ 陈丽华:《需求转型条件下北京休闲度假旅游集约化发展研究》,江西师范大学学位论文,2008 年。

⑤ 邹开敏:《民宿:休闲度假旅游的一种探索——以江苏周庄为例》,《乡镇经济》2008 年第 8 期,第 89—92 页。

活动体验,加强夜间旅游产品的设计和风景区内外配套服务设施的建设。刘少和等(2008)①分析了广东旅游供给和需求市场的现状,提出了广东休闲度假旅游的发展模式应该着重于环城休憩带的建设,重点开发海滨度假旅游地,重点建设主题型休闲旅游区。吕余生(2009)②认为,我国整体休闲度假旅游呈现蓬勃发展的趋势,但是广西的休闲度假旅游发展处于萌芽阶段,需要政府主导和科学规划来发展精品休闲度假旅游产品。

汪娟(2011)③指出,目前云南省已经提出"旅游是二次创业"的口号,传统的观光旅游发展模式急需转型以适应体验经济时代新的旅游市场需求。云南省以山地为载体的休闲度假区资源丰富,可开展各类休闲度假旅游活动以满足不同消费层次人群的需求。黄文燕(2013)④通过国内外典型案例的对比分析,总结出苏南地区休闲度假型小城镇旅游规划普遍存在的问题,进而提出苏南地区休闲度假型小城镇旅游规划的优化策略,总结探讨了休闲度假型小城镇的旅游规划方法,并以宜兴市太华镇为例进行了实证分析。张洪淼(2013)⑤用 OTSW 分析法研究了山东青州的休闲度假旅游,为推动青州乃至好客山东休闲度假旅游产业发展的优化升级提供了理论支持。OTSW 分析法首先分析市场的机遇和挑战,再分析自身的优势和劣势,相比于 SWOT 分析法具有更大的实用性。丁龙(2013)⑥认为,湖泊型度假区在我国度假区开发中占有重要的地位,我国现有的旅游度假区中超过 1/3 是湖泊型度假区。他使用 ASEB 栅格分析法从消费者的角度对活动、环境、体验与利益的优势、劣势、机遇与

① 刘少和、李秀斌、张伟强:《广东休闲度假旅游发展模式探讨——以滨海珠海市与粤北清新县为例》,《热带地理》2008 年第 4 期,第 376—381 页。

② 吕余生:《发展广西休闲度假旅游的探讨与思考》,《沿海企业与科技》2009 年第 10 期,第 97—99 页。

③ 汪娟、叶文、宋文姝:《体验经济时代云南省发展山地休闲度假旅游刍议》,《安徽农业科学》2011 年第 13 期,第 7979—7982 页。

④ 黄文燕:《苏南地区休闲度假型小城镇旅游规划研究》,南京林业大学学位论文,2013 年。

⑤ 张洪淼:《青岛市休闲旅游发展研究》,中国海洋大学学位论文,2013 年。

⑥ 丁龙:《安徽省湖泊旅游发展研究》,安徽大学学位论文,2013 年。

威胁进行了分析和评估。郑峰(2014)①为台州市绿心旅游度假区提出针对性的发展策略,即将其打造成为"以山水为主题,以地域文化为内涵,以度假旅游为载体",融合旅游休闲、文化展示、生态保育等功能的现代典型绿心旅游度假区。孔亚丽(2014)②认为,目前休闲度假旅游已经形成多段价格定位,消费群体的多元化使得产品越来越丰富,价格也参差不齐,这就需要旅游企业切实考虑自身产品的消费定位。

2.3.3 对休闲度假旅游地开发的探讨

休闲度假旅游地如何开发是近年来国内学术界研究的重要方向,研究内容主要包括休闲度假旅游产业体系建设,以及休闲度假旅游产品开发等。

孙萍(2008)③指出,江苏已经具备发展休闲度假旅游的时机与基础,但是在土地利用、管理体制、风景名胜区发展之间还存在着一定的矛盾障碍,需要科学规划休闲度假旅游产业和驱动休闲度假旅游市场,构建休闲度假旅游产品体系和提升传统民俗文化品位,完善旅游接待体系和整合旅游信息服务系统,以促进旅游业的可持续发展。盛学峰(2008)④认为,黄山发展休闲度假旅游是建设黄山国际旅游城市的需要、旅游产业转型升级的需要、打造长三角地区后花园的需要。作者分析了黄山市休闲度假旅游的资源情况及发展现状,提出目前的主要问题是缺乏个性化定位、市场规模小,应该加强休闲度假旅游资源的开发,走区域联合发展的道路。丰培奎(2009)⑤运用旅游产品更新换代理论对西安市长安区休闲度假类旅游产品开发现状和项目的更新换代实例进行分析研究,认为西安目前的休闲度假旅游市场良莠不齐,旅游度假产品还没有形成自

---

① 郑峰:《台州绿心旅游度假区开发构想》,广西师范大学学位论文,2014年。

② 孔亚丽:《内蒙古休闲度假旅游产品开发研究》,《北方经济》2014年第6期,第69—70页。

③ 孙萍:《江苏国内休闲度假旅游市场开发探析》,《商场现代化》2008年第36期,第233—234页。

④ 盛学峰:《关于发展黄山市休闲度假旅游的思考》,《九江学院学报》2008年第4期,第46—49页。

⑤ 丰培奎:《基于更新换代思想的旅游产品开发规划研究》,西安建筑科技大学学位论文,2009年。

己的地域特色和文化特色,长安区则需要以农家乐发展为主线、以需求为导向,注重挖掘文化内涵,打造精品产品。郭剑英、熊明均(2009)①分析了峨眉山发展休闲度假旅游的优势和劣势,并且据此提出了相应的开发建议。刘晓娟(2010)②总结了我国发展湖泊休闲度假旅游的条件,认为湖泊型度假区能够支撑休闲度假旅游的发展需要,因此要加大我国湖泊休闲度假区的开发和建设力度。谭伟明(2011)③指出,目前我国休闲度假旅游开发已经走上了新的发展历程。作者使用归纳与演绎相结合的方法,通过对旅游产品开发的相关理论研究,总结出南岳衡山休闲度假旅游产品创新开发的思路和方法。耿选珍(2012)④总结了发展休闲度假旅游的条件(外在条件包括:国家政策的支持,国内旅游消费需求日益增长的背景,假日结构的调整和带薪休假制度,自驾游市场成熟;内在条件包括:自然条件优越,环境气候宜人等),并对四川省发展休闲度假旅游所面临的问题和对策进行了研究。杨玖贵(2014)⑤采用实地调查法、SWOT 分析、统计法实地调研了博斯腾湖所有的旅游资源,认为通过离散型开发的模式,分散主景区的压力,博斯腾湖的开发可以从建立生态观光休闲度假区、度假休闲旅游区、休闲度假和生态农业旅游区等四个方面进行。

2.3.4 对休闲度假旅游市场的研究

对休闲度假旅游的市场的研究以旅游者为主要研究对象,研究其度假行为和对度假旅游的看法,并在此基础上对当地休闲度假旅游的发展提出相应的对策。

黄燕玲、黄震方(2007)⑥以南京居民作为实证研究对象分析了城市

---

① 郭剑英、熊明均:《峨眉山休闲度假旅游目的地建设研究》,《特区经济》2009 年第 9 期,第 148—150 页。

② 刘晓娟:《我国湖泊休闲度假旅游的发展研究》,安徽大学学位论文,2010 年。

③ 谭伟明:《南岳衡山休闲度假旅游产品开发研究》,湖南师范大学学位论文,2011 年。

④ 耿选珍:《开发休闲度假旅游的可行性探析——以四川攀西地区为例》,《企业经济》2012 年第 5 期,第 145—148 页。

⑤ 杨玖贵:《博斯腾湖度假旅游开发的实证研究》,新疆大学学位论文,2014 年。

⑥ 黄燕玲、黄震方:《城市居民休闲度假旅游需求实证研究——以南京为例》,《人文地理》2007 年第 3 期,第 60—64 页。

居民的休闲度假旅游需求。研究发现,偏爱休闲度假的居民在旅游资源喜好、旅游活动偏好、购买行为、信息来源渠道、出游方式等方面与一般居民有着明显差异。通过对市民偏好的调查发现,休闲度假资源的开发与产品设计必须具有针对性,强调亲水性以满足有休闲度假需求的市民的需要。顾秋实(2008)[①]同样以南京为例,对度假旅游者的行为进行了重点研究,采用分类回归树(CART)了解消费者的时间选择、消费能力、度假设施偏好等特征,并提出南京休闲度假旅游市场应主要定位于高学历、中高收入人群,而产品设计则需强调参与性、趣味性等。刘少和、李秀斌(2009)[②]提到休闲度假旅游需求与供给以及政府政策、市场竞争是制约区域休闲度假产品发展的基本因素,也影响着广东休闲度假产品体系的形成。广东休闲度假旅游发展的条件主要包括经济发达、旅游形式丰富、民营资本雄厚等。开发休闲度假产品正成为广东区域旅游发展的基本方向。葛南南、樊信友(2014)[③]对重庆市城市居民休闲度假旅游的消费动机和行为规律进行了探讨。研究发现,在决策行为方面,重庆居民对交通环境气候和娱乐设施比较重视;在旅游动机方面,放松身心占了比较大的比例;在空间行为方面,呈现出旅游频率随着空间距离的增加而递减的特点。金艺兰(2014)[④]以长白山地区为例,研究了旅游度假区服务质量对顾客满意度的影响。研究结论显示,长白山旅游度假区改变顾客满意度的一个重要方向是提高其基础设施的质量。

2.4　小　结

对于休闲度假旅游主题的相关研究,国内外在研究历程、研究重点

①　顾秋实:《南京城市居民休闲度假行为特征分析及其市场开发策略研究》,南京师范大学学位论文,2008年。

②　刘少和、李秀斌:《旅游产品转型与广东休闲度假产品体系建设思考》,《现代乡镇》2009年第Z1期,第27—32页。

③　葛南南、樊信友:《城市居民休闲度假旅游的消费动机与行为规律:重庆例证》,《重庆社会科学》2014年第5期,第60—66页。

④　金艺兰:《旅游度假区服务质量对顾客满意度影响研究》,延边大学学位论文,2014年。

等方面都有着较大的差异。

第一,在研究进程方面,国外研究起步较早,相关研究大致经历如下过程:首先探讨休闲、旅游、娱乐之间的关系,然后对休闲度假旅游发展作出预测,并逐步开展休闲度假旅游的个案研究。国内研究起步较晚,发展过程可以总结为:首先探讨休闲度假旅游的概念和市场环境,然后进行休闲度假旅游的个案研究。

第二,在研究重点方面,近年来国外学者的研究倾向于关注特殊群体的休闲度假旅游行为,并且始终把个案研究作为重点,个案研究中侧重于滑雪类、探险类、海滨类休闲度假旅游的研究。国内目前的研究重点是湖泊类休闲度假旅游研究,以及东部沿海地区休闲度假旅游研究等。值得注意的是,国内研究如何避免空谈理论和增加研究结论普适性、实践性等问题还需要进一步的思考。

3 休闲度假旅游的起源与发展

3.1 国外休闲度假旅游的起源与发展

国外的休闲度假旅游历史悠久,早在公元前4世纪时期,每年就有成千上万的人涌向古城埃菲塞斯(现在的土耳其境内),去观看杂技、马戏、杂耍、魔术表演。从公元前776年开始,来自欧洲和中东的游客会为参加奥林匹克运动会而旅行到奥林匹亚山。100多年以前,西方人就已经形成了度假旅游的习惯,即在休假期选择一个度假地,尤其是在海滨度假地享受一段美好时光,获得身心放松、心情愉悦的体验。在每年的七、八两个月中,欧美地区的人们开始成群结队地外出旅游度假,几乎一切工作都处于停顿状态,人们甚至愿意削减日常生活开支来满足度假的需求。

3.1.1 罗马帝国时代的娱乐旅游行为

在罗马帝国时代(公元前27年—公元395年),普通百姓就开始成群结队地参加旅游活动了,他们会在假期去观看奥林匹克运动会,会去有医疗作用的温泉浴场,或是去海滨胜地躲避夏日的酷暑。"罗马人十分喜欢矿泉浴场,他们不仅可以享受矿泉浴,而且还可以观看戏剧、参加当地举行的节日庆典和体育运动会,温泉胜地也提供其他方式的娱乐和休闲活动。"①

罗马帝国的兴盛也推动了当时旅游活动的开展。为了保卫和治理国家,罗马人修建了便捷实用的交通网,并为旅行者建造了提供食宿设施的驿馆,也就是近代旅馆的雏形。同时,涌现出许多著名的旅游胜地,例如巴亚以皇家别墅和医疗温泉而著名,塔兰托则是罗马富豪和上流人士的冬季避寒胜地,庞贝古城则是当时比较繁荣的旅游避暑胜地,位于维苏威火山脚下,距海不远,别墅甚多。② 当时的有钱人甚至还到埃及、希腊或巴比伦等地开展度假活动。

3.1.2 公元 16—17 世纪的矿泉度假旅游

公元 5 世纪罗马帝国崩溃后,欧洲进入了漫长的中世纪时期,人们大规模的娱乐旅游也暂时停滞了,直至英国女王伊丽莎白一世统治时期(公元 1558—1603),大规模的旅游活动才再次兴起。公元 16 世纪,英格兰的医师已经开始建议病人去那些有天然矿泉水的地方疗养,认为矿泉水有着特殊的疗效,矿泉疗养比其他任何东西更有助于人们恢复和保持心理健康,也能暂时逃离城市生活,从而形成了一批极受欢迎的矿泉疗养胜地。当时较为有名的有英格兰的巴斯、特恩布里奇和埃普瑟姆,德国的巴登-巴登,法国的贝纳雷伯恩和意大利的卢卡。人们追逐矿泉的脚步遍布英伦三岛以及整个欧洲大陆,乃至美国。许多矿泉疗养地逐渐成为度假胜地,为游客提供良好的食宿条件,以及参加各种社交活动、游艺、跳舞、赌博和娱乐的机会。

3.1.3 西方近代的休闲度假旅游

近代工业革命使得生产力大幅提高,中产阶级的财富不断增加,产业工人的收入也得到了很大的提升,最为突出的表现是可自由支配收入增加,有了可以用来旅游的"闲钱"。与此同时,机械化的工业生产使得生活变得单调、乏味、呆板,人们迫切需要避开一成不变的生活状态和繁

---

① Robert W. McIntosh, Shashikant Gupta. Tourism: Principles, Practices, Philosophies(3rd Edition). Grid Publishing House Inc. ,1980.

② [美]爱德华·J.小梅奥、兰斯·皮·贾维斯:《旅游心理学》,张健等译,浙江教育出版社 1987 年版。

重的工作压力,因而形成了强烈的外出旅行需求。此外,工业革命也推动了工会运动的发展,强有力的工会为工人们争取到了更多的带薪年假和较短的工作周。综上所述,可自由支配收入、旅游需求、带薪假期构成了近代旅游业的基础,三者相互作用,推动了旅游业的大发展。

西方的近代休闲度假旅游活动主要可以分为以下几种类型。

1. 矿泉疗养

矿泉疗养自罗马帝国时代开始就一直兴盛不衰。近代以来,矿泉度假地更是成为上流社会开展社交活动的重要目的地。例如,当时的英国就形成了以巴斯、斯卡伯勒和伦敦为中心的三大休闲旅游中心,其中的巴斯和斯卡伯勒以拥有优良的矿泉水和完备的娱乐设施,并能为上流社会提供社交和疗养服务而声名卓著。19 世纪以来,一些知名的矿泉胜地也开始成为中产阶级和工人阶级的旅游度假地。

2. 滨海度假旅游

19 世纪以来,海滨成为大众的度假旅游胜地。滨海度假的兴起一方面是由于人们相信海水洗浴具有一定的医疗作用,另一方面则来自王室成员的示范作用。19 世纪中叶开始,中产阶级掀起了海滨度假旅游热潮,甚至直接推动了海滨度假区的建设与发展。例如,修建景观步道、栈桥等硬件设施,提供文娱表演、摄影服务等新颖的项目等。而上流社会则不断开辟新的滨海度假旅游目的地,法国、意大利、西班牙等地的滨海度假旅游也自此发展起来。

3. 山地度假旅游

在维多利亚时代文学浪漫主义运动"回归自然"思想的影响下,人们开始选择空气清新的阿尔卑斯山区作为旅游目的地,瑞士、法国和意大利等地逐步涌现出众多的疗养、滑雪度假旅游地。与此同时,山谷、城堡、田园风光也成为人们所向往的度假旅游胜地。例如,德国的城堡、法国的农庄、名人的花园、古堡乡村等都备受青睐,人们在这里追求浪漫的爱情、文化的赏析和静谧的享受。

4. 都市度假旅游

19 世纪末,户外运动成为新的旅游项目。特别是自行车的发明和 1878 年成立的自行车旅行俱乐部都对崇尚健康和运动的新的旅游方式起到了推波助澜的作用。都市度假旅游开始在这一时期兴起。

5. 邮轮度假旅游

19 世纪下半叶,大西洋海上交通出现了大型海轮,1889 年"巴黎城市号"曾创下 6 天横渡大西洋的纪录。到 20 世纪初,专门用于客运的大型海上游轮规模越来越大,设备也越来越豪华,客房餐厅一应俱全,服务项目应有尽有,俨然是一座座海上"浮动饭店"。邮轮度假旅游也由此掀开了发展的篇章。

3.1.4 现代休闲度假旅游

第二次世界大战以后,西方的休闲度假旅游进入大发展阶段,度假胜地除地中海区域外,也逐渐向加勒比海、东南亚、夏威夷群岛、澳大利亚等国家和地区扩散,度假区类型也日益多样化(见表 3-1),全球化旅游格局日渐形成。

表 3-1　现代西方休闲度假区主要类型

类型	案例
海滨度假区	法国 GRIMAUD 港
山地度假区	瑞士 ANZERE 滑雪度假区
乡村度假区	英国绿洲湖滨森林度假村
温泉度假区	英国 HARROGAE 度假区
游乐园	美国佛罗里达州迪士尼世界
郊野游憩公园	奥地利 WIEERERG 郊野公园
自然公园	欧洲阿尔卑斯山公园

资料来源:王永忠《西方旅游史》,东南大学出版社 2004 年版。

20 世纪 70 年代后期,欧美国家的度假旅游势头有增无减,一半以上的人口每年至少出国度假一次。1985 年到 1995 年的 10 年间,英国每年出国度假旅游者的平均增长速度为 5.2%;而美国人则有近一半的闲暇费用花在国内外度假旅游上。世界旅游组织的统计数据显示,1994 年,英国有 59% 的人外出度假,西班牙则有 55%;2004 年,法国 75% 的人至少出境旅游一次,德国出境停留 4 夜以上的旅游者占总人口的比例高达 85%。与此同时,亚太地区的休闲度假旅游也得到了快速发展,尤其是热带、亚热带海滨度假地受到欧美地区旅游者的喜爱。①

3.2 国内休闲度假旅游的起源与发展

中国古代的旅游活动起源较早,以帝王巡游、政客游说、士人游学、诗人仙游等为主要特色。古代旅游作为一种社会文化现象,仅仅是某些阶层才享有的特权,旅游活动的参加者多为帝王、官僚、封建贵族等统治阶级及其附庸阶层人士,平民百姓客观上缺乏旅游的物质条件,主观上也缺乏旅游的需求。1923 年,中国第一家旅行社——中国旅行社在上海成立,这是我国真正意义上的现代旅游的开始。进入 21 世纪以来,我国的大众旅游快速增长,目前已经成为全球最大的旅游客源国和第四大旅游目的地国。

3.2.1 古代的休闲度假旅游

我国的古代旅游类型众多,主要包括帝王巡游、出使、宦游、游学、游说、商贸旅游等,古代旅游主要是政治、经济、军事、外交等活动的附属物和派生行为,因此古代旅游具有较强的功利性。例如,大禹因为治水而周游各国,张骞因国家外交而出使西域,范蠡因商业往来而周行天下,司马迁为完成《史记》而游历中华,道教徒为羽化成仙而四处仙游,等等。在此其中也不乏具有休闲娱乐特征的休闲度假旅游行为,主要可以分为以下几种。

1. 帝王巡游中的休闲度假旅游行为

帝王巡游是指较远距离、较长时间、较大规模的帝王出巡、游历过

① 张言庆:《山东省度假旅游发展研究》,青岛大学学位论文,2004 年。

程,有的史书上也把皇帝郊游、狩猎包括在内。据史书记载,这一活动最早始于传说中的黄帝。自秦汉以来,帝王巡游的政治目的与游山玩水开始并存。汉武帝在其执政的 53 年中,共进行了各种形式的巡幸、封禅、游历达 30 多次,足迹遍及"荆、扬,楫江、淮物,会大海气,以合泰山。上天见象……"①唐代以来,帝王巡游的政治功能逐渐弱化,娱乐享受功能显著增强,唐高宗、武则天、唐玄宗几乎每年都要到长安附近的名山风景区或东巡洛阳狩猎、避暑、驻跸游览,这些娱乐活动成为盛唐时期帝王生活的重要组成部分。南宋偏安的 100 多年中,各朝帝后终日游玩、享乐,极尽荣华富贵。《武林旧事》记载:"效学西湖,铺放珠翠、花朵、玩具、匹帛,及花篮、闹竿、市食等,许从内人关扑;次至球场,看小内侍抛彩球、蹴秋千;又至射厅,看百戏……回至清妍亭,看荼蘼,就登御舟,绕堤闲游。"②明清两代皇帝巡游之风更盛,尤其是清代康熙和乾隆二帝游东北、巡西北、下江南,许多名山大川、古都胜地都留下了他们的足迹、墨宝。

2.贵族、官员、文人士大夫的休闲度假旅游行为

古代旅游的主体是除帝王外的贵族、官员、士大夫,作为封建社会的特权阶层,他们掌握着旅游的主动权。孔子著名的"登东山而小鲁,登泰山而小天下",反映了其登高后领略到山水的无穷、人生的有限,以及任重而道远的情怀。魏晋南北朝时期,玄游兴起,玄谈与佛理结合,名士与高僧合流,山水与寺庙一体,自然与空门同归,讲究顺应自然、返璞归真,当时出游的人数、兴致、范围、方式,可谓"前无古人,后启来者"。因此,可以认为我国的旅游之风实开自魏晋。

在当时,旅游不仅仅是赏心悦目、陶情冶性、观风知俗的文化活动,而是以老庄思想为核心的玄、道、释三家出世哲学的哲学实践。当时的文人,不管出身士族或寒门,皆漠视俗务,清淡玄虚,适意自然,钟情山水,形成了一种旨在参悟玄机、印证玄理和陶冶自然之情、自然之性的游览山水的风尚。最具代表性的当属竹林七贤,他们常常进行玄游集会。而王羲之首创的兰亭游集则是魏晋南北朝历史上规模最大的一次玄游

---

① 李岩:《帝王巡游与中国古代的旅游》,《广西社会科学》2004 年第 9 期,第 159—160 页。

② 周密:《武林旧事》,中华书局 2007 年版。

集会,他带领四十一位官员、名士,"流觞曲水、一觞一咏、畅叙幽情、游目骋怀",并写下流芳百世的《兰亭集序》。

唐朝时期实行了最早的"带薪休假",刺激了官员的游乐休闲热情,假日游乐成为唐代贵族官僚的一种时尚。唐玄宗曾下诏规定:"百工允厘,彰乎奉职,五日休汗,义在优闲。……当与群寮,畅兹娱乐。顷旬游宴赏,已放入朝,节假常参,未敷后命。……自今已后,每至旬节休假,中书门下及百官并不须入朝,外官等其日亦不须衙集。"唐德宗时更是明确鼓励官员在假期游览名胜,"其正月晦日、三月三日、九月九日三节日,宜任文武百僚,择胜地追赏",并根据官阶大小发给不同的旅游费用。[①]

3. 平民百姓的休闲度假旅游

中国古代的农耕生活,日出而作、日落而息,人们的生产生活与劳作休闲总是相生相伴的,辛勤的劳作之余有休闲,庄严的仪式之外有美食、有玩乐,隐藏着中国人最平实质朴的生活期许与休闲之道。平民百姓的休闲游玩时间主要是农闲之余和节日节庆,传统农历节日,如春节、元宵节、清明节、端午节、中秋节、冬至节等都是平民农忙劳作之余,进行休养放松游玩的重要时刻,并形成了元宵赏灯、清明踏青、端午赛龙舟、中秋赏月、重阳登高等传统民俗,一直延续至今。自秦汉以来,我国民间便形成了春游和秋游的风俗,唐宋时期,平民旅游更是空前繁荣,清明春游踏青、重阳秋游登高等民间郊游的习俗十分普遍。

以宋代为例,当时共有大大小小70多个时序节日、宗教节日、政治性节日,都以赏心悦目的娱乐为主线,并伴以各种游观活动,无论贫富都可以参加。杨万里的诗可以为证:"户户游春不放春,只愁春去不愁贫。今朝道是游人少,处处园亭处处人。"[②]唐代剑、甘飞云(2009)[③]在《临安都市旅游繁盛原因探析》一文中提到,南宋政局稳定、经济发展,商业的繁荣和坊市的发展,为南宋都市旅游的繁盛提供了前提和保障,也催生了以享乐和休闲为目的的都市休闲度假游。上至帝王贵胄,下至市井贫民,

---

① 引自《全唐文》卷三二,李隆基《许百官旬节休假不入朝诏》。
② 李露露:《中国节:图说民间传统节日》,福建人民出版社2005年版。
③ 唐代剑、甘飞云:《临安都市旅游繁盛原因探析》,《旅游论坛》2009年第3期,第450—453页。

全民休闲娱乐,古文诗词中也有相应的记载,"西湖游人,来往如蚁","至暮不绝","城之南西北三处,各数十里,人烟生聚,市井坊陌,数日经行不尽,各可比外路一小小州郡,足见行都繁盛"。

3.2.2 近代休闲度假旅游的发展

作为一种经济产业的旅游业在中国的历史并不长,19 世纪中叶近代旅游业在西欧产生之后,逐渐影响到中国。民国以来,国民经济的增长、旅游交通的发展、国人思想观念的开放都促进了我国近代休闲度假旅游的发展。而西方传教士在中国的活动也带动了避暑度假风潮的兴起,民国旅游专家余贵棠曾提出中国近代旅游业肇始于"西人"对避暑地的开发。[①] 直至抗战爆发之前,在长江中下游及华北地区,避暑度假已经蔚然成风。在上海这些大城市,外出旅游已成为有闲富有阶层的生活方式,各军政要人、富商、高级知识分子等,"亦喜清游,遣此炎夏"[②]。

随着交通条件的逐步改善,火车和汽车旅行成为主要的旅行方式。1909 年,京张铁路通车后,北京前往张家口的游客络绎不绝,致使张家口的旅馆一度爆满。而沪宁铁路的开通,也使得苏州的旅游更加兴盛,并带动了沿线城市和风景名胜地的进一步开发。《旅行杂志》曾记载:"上海人可以乘坐汽车舒适游玩杭州西湖,因为长途汽车的便捷,不少人可利用周末到杭州去旅行,星期一又可安泰地回到自己的办事处继续工作。"[③]

当时的上海热闹繁华,在 20 世纪 20 年代前后,上海的戏园、旅馆、茶楼、剧院、画廊、书肆、报馆鳞次栉比,跑马厅、跑狗场、体育场、游泳馆、高尔夫场名目繁多、应有尽有,是近代休闲度假旅游的热点城市。此外,随着国人旅游意识的逐渐增强,闲暇游乐的生活方式也开始受到青睐,在全国形成了以江西庐山、浙江莫干山、河北北戴河、河南鸡公山、山东青岛等为代表的大大小小数十个避暑胜地。位于河南的鸡公山最早便是为了吸引外国传教士而开发的,引领了近代休闲旅游发展的潮流,曾经出现"每值夏令游人日以千百计"的盛况。

近代的中国休闲度假旅游更多地强调身体休养方面的旅游动机,希

---

① 余贵棠:《中国游览事业之回顾》,《旅行杂志》1943 年第 7 期,第 6—7 页。
② 赵君豪:《编者言》,《旅行杂志》1931 年第 6 期。
③ 引自《旅行杂志》1930 年第 4 卷第 1 期。

望能够逃离城市、远离喧嚣、远离空气污浊,将身心健康与避暑度假很好地结合起来。这一时期,已经出现了位于避暑胜地的新式旅馆,除提供食宿外,还附设有温泉浴、游泳池、网球场等服务设施,地点选择、建筑设计、服务提供等方面都有其自身特色。例如,近代避暑胜地之一的莫干山绿荫饭店,因旅馆周围浓荫覆盖,房间轩敞雅洁,吸引了许多避暑度假的游人,饭店"位于炮台山巅,占地七十余亩,形势雄壮,孤峰独耸,远眺近瞰,全山风景均罗眼底。嘉树葱茏,浓荫密翳,空气清新,炎威弗届,运动散步,尤极适宜"①。

与此同时,民国时期也出现了大量的商业化旅游指南及刊物,以商务印书馆《莫干山指南》为例,自1921年初版后多次修订,广受游客欢迎,编撰内容已相当专业,其1934年增订本的《编例说明》中提到:"游山者于名胜、交通、旅馆三项更较注意。本书特别详细记载,如名胜,略加以路线区分,依次记述交通,各项车轿办法,尽载无遗。旅馆,每家均加以说明等等。"1923年,中国旅行社成立后,对导游书籍的发行也相当重视,其创办的《旅行杂志》是民国时期唯一有影响的专业旅游杂志,经常刊登度假地游记与游程指导。②

3.2.3 现代休闲度假旅游的发展

改革开放以来,我国最先发展的是入境旅游,直至20世纪90年代,国内旅游才开始了规模化发展。在现代旅游业发展早期,主要提供旅行社包价形式的观光旅游产品,并以公务、商务和探亲访友为主。这种观光旅游产品由于行程紧凑,停留节点多,在旅游点停留时间短、路上时间长,被称为初级旅游产品。逐渐地,随着国内游客旅游意识观念的转变,走马观花的观光旅游已经不能满足人们的需求,以休闲、放松、康体、娱乐为目的的休闲度假旅游开始兴起。

早期的休闲度假旅游设施主要是修建在海滨旅游胜地和名山大川的疗养院、干休所,如北戴河、秦皇岛、庐山、黄山、青岛等地,提供单位组织的具有福利性质的团体度假疗养,个体形式的自费休闲度假旅游相对

---

① 中国旅行社:《莫干山导游》,中国旅行社出版,1932年。
② 吕晓玲:《近代中国避暑度假研究》,合肥工业大学出版社2013年版。

较少。1992年,中国旅游度假区的实践探索正式启动,并正式批准了12个国家旅游度假区,即青岛石老人、大连金石滩、无锡太湖、苏州太湖、上海佘山、杭州之江、福建武夷山、福建湄洲岛、广州南湖、昆明滇池、三亚亚龙湾、北海银滩,这也成为我国休闲度假旅游发展开始的标志。

此后,国家旅游局在1996年推出"度假休闲旅游"主题年,1999年出台黄金周休假制度,推出了具有一定规模和档次的度假产品,为实现旅游业由观光型向度假型转变奠定了基础。进入21世纪,随着国家法定节假日的逐步调整,经济的持续稳定增长带来了居民收入水平的大幅提高,城镇居民可自由支配收入逐年增加,旅游度假区、度假村、度假酒店、主题公园等大批休闲度假旅游产品和设施如雨后春笋般涌现出来,互联网与旅游电子信息化更是强有力地助推了休闲度假旅游市场的发展。2013年,我国推出了《国民旅游休闲纲要(2013—2020年)》(国办发〔2013〕10号),标志着我国休闲度假旅游进入了一个新的发展阶段。

3.3 小　结

综上所述,中外休闲度假旅游的发展历史都较为悠久。西方的休闲度假旅游最早可追溯到古罗马时代,并在近代工业革命之后得到了迅猛的发展,中产阶级和平民成为休闲度假旅游的主体,休闲度假旅游已经成为一种由来已久的社会传统和人们所惯有的生活方式。中国的休闲度假旅游最早可追溯到秦汉时期的帝王巡游;在繁盛的唐宋时期,官僚、贵族是旅游的主体,并逐渐渗透到平民百姓之中;近代以来,在西方影响下逐渐发展起来,并直至20世纪90年代开始了大众休闲度假旅游的兴盛。

此外,受到历史文化、社会传统、经济状况、生活方式、思想理念等的影响,中西方在度假旅游地选择、度假旅游时间安排、交通工具、度假旅游目的等方面存在着较大的差异。总体来看,西方休闲度假旅游经历上百年的积淀发展,已经形成了非常成熟的产业体系;而我国的休闲度假旅游是在传统观光旅游基础上不断探索、转型升级而来的,虽然已经进入一个前所未有的大众旅游时代,但是休闲度假旅游的健康发展还处在一个不断调整和摸索的过程中。

4 浙江省休闲度假旅游的发展条件

4.1 休闲度假旅游发展的产业基础

浙江省发展休闲度假旅游具有良好的历史基础和现实条件。根据前文对于国内休闲度假旅游发展历史的分析,可以看出,浙江的山水资源历朝历代以来就受到帝王士官和文人墨客的喜爱,南宋偏安临安之后,休闲度假娱乐之风更是盛行,近代以来,西湖、莫干山、天目山、普陀山就已经成为著名的休闲度假旅游胜地。

新中国成立后,浙江的杭州、舟山等风景名胜地先后兴建了一大批政府性质或特殊行业性质的度假休养机构,但多以疗养院的身份出现,疗养度假旅游带有明显的福利和奖励性质。1992 年,杭州之江国家旅游度假区的兴建标志着浙江出现了专业化的度假旅游产品,休闲度假旅游市场进入到多元化快速发展阶段,全省各地开始了一轮旅游度假区和度假旅游产品的建设热潮。早期的疗养院也纷纷走向市场,改建成为度假村或度假酒店对公众开放,如位于杭州九溪的千禧度假酒店就是由上海总工会疗养院改建而成的。

近年来,浙江的休闲度假旅游发展呈现多样化的发展格局:安吉、磐安、临安、桐庐等地瞄准乡村旅游市场,发展了一大批乡村度假旅游产品;宁海、武义等地则以温泉度假旅游产品为特色;乌镇、西塘、南浔等地积极发展古镇休闲度假旅游;象山、普陀山、朱家尖等地则因地制宜地发展滨海休闲度假旅游;杭州、宁波等地以打造都市休闲度假旅游为主要任务;千岛湖、东钱湖等地则着力发展湖泊休闲度假旅游;平湖九龙山、富阳等地开辟了运动休闲度假旅游的发展新路子。目前浙江省已经拥有4个国家级旅游度假区和46个省级旅游度假区,培育了杭州、千岛湖、天目山、莫干山、普陀山、武义、德清、安吉等一大批休闲度假旅游胜地,开展了温泉、禅修、海钓、沙滩、滑雪、溯溪、绿道骑行、游艇、滑翔、高尔夫等休闲娱乐活动,打造了宋城千古情、吴越千古情、印象西湖、梦幻太极等高品质的文化演艺产品,出现了绿道、邮轮、汽车营地、洋家乐、帐篷旅馆、乡村客栈、度假村、度假酒店、主题公园、郊野公园等一批休闲度假旅游新业态、新产品。

与此同时,整个旅游市场也呈现出健康快速的增长态势,入境、国内和省内的休闲度假旅游市场均得到了较快发展。2014年,浙江省实现旅游总收入6301亿元,比上年增长13.8%。接待国内旅游者4.79亿人次,增长10.2%;实现国内旅游收入5947亿元,增长14.3%。接待入境旅游者931万人次,增长7.5%;实现旅游外汇收入57.5亿美元,增长6.7%。近年来,浙江入境旅游市场的快速增长,有力地推动了休闲度假旅游市场的发展,提高了旅游的国际影响力。从国内旅游市场来看,以观光休闲为目的的旅游人数比例已经达到70%以上,远远超出商务旅游和探亲访友等比例,这也进一步说明当前浙江休闲度假旅游市场已进入黄金发展时期。2002—2014年浙江省旅游收入和旅游市场规模如表4-1所示。

表 4-1　2002—2014 年浙江省旅游收入和旅游市场规模

年份	国内旅游			入境旅游	旅游总收入（亿元）
	总人数（亿人）	观光（%）	休闲（%）	入境旅游人数（万人）	
2002	0.80	25.0	10.7	204.2	710.8
2003	0.84	38.3	19.8	180.8	767.7
2004	1.06	36.9	21.2	276.7	1120.5
2005	1.28	35.4	4.4	348.0	1378.8
2006	1.61	32.4	6.4	426.8	1690.1
2007	1.90	27.9	11.9	511.2	2025.8
2008	2.09	36.6	27.6	539.7	2250.0

续表

年份	国内旅游			入境旅游	旅游总收入（亿元）
	总人数（亿人）	观光（%）	休闲（%）	入境旅游人数（万人）	
2009	2.44	26.3	12.0	570.6	2643.7
2010	2.95	45.1	24.4	684.7	3312.6
2011	3.43	28.5	13.0	773.7	4080.3
2012	3.91	44.4	25.6	865.9	4801.2
2013	4.34	—	—	866.2	5536.2
2014	4.79	—	—	931.0	6300.6

资料来源：历年《浙江省旅游统计概览》。

从假日旅游市场的发展来看，1999 年我国全面实施春节、五一、国庆三个黄金周以来，有力地带动了假日旅游市场的发展，尤其是休闲度假旅游成为发展热点。2002 年黄金周期间浙江省共接待国内外游客1481.3 万人，占全年旅游人数的 18.5%；旅游收入 102.2 亿元，占全年旅游收入的 14.4%。2014 年黄金周期间共接待国内外游客 5373.8 万人，占全年旅游人数的 11.0%；旅游收入 463.9 亿元，占全年旅游收入的7.3%（见表 4-2）。2014 年黄金周接待国内外游客总量较 2002 年增长3.62 倍，旅游收入 2014 年较 2002 年增长 4.54 倍。

表 4-2　2002—2014 年浙江省黄金周假日旅游市场和旅游收入

年份	国内外游客（万人）	占全年旅游人数比（%）	旅游收入（亿元）	占全年旅游收入比（%）
2002	1481.3	18.5	102.2	14.4
2003	1113.2	13.3	76.4	10.0
2004	1958.2	18.5	142.0	12.7
2005	2255.4	17.2	172.0	12.5
2006	2837.0	17.1	221.8	13.1
2007	3334.3	17.1	269.3	13.3
2008	2052.1	9.6	160.0	7.1

续表

年份	国内外游客 （万人）	占全年旅游 人数比（%）	旅游收入 （亿元）	占全年旅游 收入比（%）
2009	2596.5	10.4	214.3	8.1
2010	2970.5	9.8	239.7	7.2
2011	2612.1	7.4	220.1	5.4
2012	4680.1	11.9	402.6	8.4
2013	4530.1	10.2	400.7	7.2
2014	5373.8	11.0	463.9	7.3

注：因 2008 年取消五一黄金周，故 2008—2012 年的数据只包含春节、国庆两个黄金周。
资料来源：历年《浙江省旅游统计概览》。

4.2　休闲度假旅游发展的资源条件

4.2.1　旅游资源与产品开发条件

旅游资源是自然界和人类社会凡能对旅游者产生吸引力，可以为旅游业开发利用，并可产生经济效益、社会效益和环境效益的各种事物和因素。[①] 休闲度假旅游资源主要包括旅游度假区和能够为休闲度假旅游者提供一切服务的资源和设施，尤其指必不可少的设施设备等。除度假服务设施外，度假旅游资源的核心是指度假地或度假区所拥有的观赏游憩资源，这些资源在不同的环境条件下，可开发为不同类型的度假旅游产品。

浙江省拥有丰富的观赏游憩资源，按照《旅游资源分类、调查与评价》（GB/T 18972—2003）的国家标准，浙江省拥有全部 8 个主类、31 个亚类的旅游资源，根据浙江省旅游资源普查结果，确认资源单体总数为 21126 个，其中，地文景观类 4026 个，水域风光类 1553 个，生物景观类 1397 个，天象与气候景观类 142 个，遗址遗迹类 1002 个，建筑与设施类

---

① 中国标准出版社总编室：《中国国家标准汇编 295 GB 18933—18973（2003）》，中国标准出版社 2004 年版。

10779 个,旅游商品类 1068 个,人文活动类 1159 个。在全部旅游资源中,优良级资源单体 3917 个,占全部资源总数的 18.54%。依托这些优质资源禀赋,开发优势型度假旅游产品,是浙江省发展度假旅游的核心优势所在。

1. 温泉度假旅游资源与旅游产品

温泉是指天然出露的或者通过人工钻井开采利用且温度大于 25℃,质量稳定,含多种有益人体健康的微量元素,有一项或多项成分含量达到理疗热矿水命名矿水浓度,不含危及人体健康的有害元素或成分,可直接用于沐浴和理疗的地热资源。[①] 浙江地处古扬子板块与古华夏板块的拼合带上,地质构造和地质演化过程复杂多样,具备良好的地热地质条件。早在 1400 年前,《水经注》就有绍兴寒溪温泉的记载,唐朝时温泉就用来治病。

浙江的温泉度假旅游起步较早,进入 21 世纪以来,随着人们对身体健康、身心愉悦等需求的快速增长,温泉旅游市场显示出巨大的潜力和活力,浙江温泉旅游开发也如火如荼地开展,进入一个快速发展阶段。在原有温泉疗养的基础上,相继增加了度假、商务、运动、美食等综合性功能,逐渐涌现出一批品质高、多功能的温泉度假旅游产品,以宁海森林温泉、余姚阳明温泉、杭州新安江玉温泉、武义温泉、临安湍口温泉等为代表;并形成了具有较高规模和水平的大型温泉旅游度假区,主要包括武义温泉旅游度假区、嵊州温泉旅游度假区、宁海森林温泉旅游度假区、嘉善云澜湾温泉旅游度假区等。浙江省主要温泉旅游度假区如表 4-3 所示。

表 4-3　浙江省主要温泉旅游度假区

地点	名称	旅游度假区
宁波宁海	宁海森林温泉	宁海森林温泉旅游度假区
金华武义	武义唐风温泉和溪里温泉	武义温泉旅游度假区
湖州安吉	安吉江南天池温泉	安吉灵峰山旅游度假区

---

① 该定义来自 2011 年浙江省国土资源厅下发的《关于进一步规范全省温泉(地热)勘查开发工作的通知》。

续表

地点	名称	旅游度假区
绍兴嵊州	中翔绍兴温泉城	
宁波余姚	余姚阳明温泉	余姚阳明温泉
杭州建德	杭州新安江玉温泉	
嘉兴嘉善	嘉善县云澜湾温泉	嘉善云澜湾温泉旅游度假区
丽水遂昌	红星坪温泉	
宁　波	宁波东钱湖二灵山温泉	宁波东钱湖旅游度假区
嘉　兴	嘉兴清池温泉	嘉兴湘家荡旅游度假区
杭州临安	临安湍口众安氡温泉	
温州泰顺	泰顺承天氡泉	
湖　州	湖州喜来登温泉度假酒店	湖州太湖旅游度假区
湖州德清	德清月潭温泉	

2.海岛度假旅游资源与旅游产品

浙江省有着良好的滨海度假旅游资源,拥有海岸线6646公里,占我国海岸线总长的21%,是全国岛屿数量最多的省份,面积500平方米以上的岛屿数量达3061个(包括玉环岛和灵昆岛)。沿海岛屿多呈成群连片式的集聚分布,其中,190个岛屿上有常住居民,具有深厚的渔、盐业文化底蕴,海岛旅游开发潜力巨大。

普陀、朱家尖、象山松兰山是著名的滨海度假旅游地,其中象山松兰山是省级旅游度假区。舟山市是国家确定的首批旅游综合改革试点城市,舟山群岛属亚热带海洋性季风气候,四季分明,年温适中,较为适合夏季避暑度假。舟山等地空气清新,是浙江省空气质量最好的区域,夏季气候凉爽,冬季比省内其他地区温度相对要高。特别是普陀山,没有工业,空气受的污染少,天空显得特别蓝,夜空的星星特别明亮,夜晚在岛上散步有一种宁静神怡的感觉;朱家尖拥有一类的海水水质,符合国家I级标准的大气质量,素有"天然氧吧"的美誉。同时,浙江省拥有极为丰富的渔业资源,是我国渔业资源蕴藏量最丰富、渔业生产力最高的省份。舟山渔场更是我国主要经济鱼类的集中产区,近海最佳可捕量占全国总量的 1/4 以上,拥有 700 多种鱼类和大量虾蟹类、贝藻类渔产品,品种丰富、特色各异的海鲜美食成为吸引各地旅游者的重要旅游产品。

目前,浙江省海岛休闲度假旅游开发的主要特色有:(1)唯一的国家级海洋自然保护区——南麂列岛自然保护区;(2)杭州湾跨海大桥、舟山跨海大桥、舟山沈家门渔港滨海街景等现代建筑景观;(3)镇海"海上丝绸之路"起航纪念地、慈溪徐福东渡遗址、嵊泗鉴真东渡泊舟处等历史古迹;(4)舟山渔民画、舟山渔歌、沈家门夜排档、石塘渔村等渔家文化;(5)洞头海霞军事主题公园、定海鸦片战争纪念馆、椒江一江山岛教育基地等爱国主义教育基地;(6)南海观音铜像、普陀山宗教道场等宗教文化景观;(7)朱家尖国际沙雕节、中国开渔节和徐霞客开游节等为代表的旅游节庆活动。浙江省特色海岛旅游产品如表 4-4 所示。

表 4-4　浙江省特色海岛旅游产品

名称	产品类型
洋山港	现代海洋建筑景观
北仑港	现代海洋建筑景观
花鸟灯塔	现代海洋建筑景观
舟山沈家门渔港滨海街景	现代海洋建筑景观
镇海"海上丝绸之路"起航纪念地	海洋历史遗迹
镇海海防遗址	海洋历史遗迹
定海鸦片战争主战场遗址	海洋历史遗迹
定海古文化遗址	海洋历史遗迹
慈溪徐福东渡遗址	海洋历史遗迹
临海海上长城	海洋历史遗迹
舟山渔歌	海洋民俗文化
沈家门夜排档	海洋民俗文化
石塘渔村	海洋民俗文化
石浦渔港	海洋民俗文化
乐清蒲岐古镇	海洋民俗文化

续表

名称	产品类型
洞头海霞军事主题公园	爱国主义教育基地
定海鸦片战争纪念馆	爱国主义教育基地
椒江—江山岛教育基地	爱国主义教育基地
南海观音铜像	海洋宗教文化
普陀山宗教道场	海洋宗教文化
中国开渔节	海洋文化旅游节

资料来源:《浙江旅游业发展报告(2012)》。

在国家发展海洋经济的大背景下,舟山的海岛休闲度假旅游也进入一个黄金发展时期。目前,舟山市已经成为国家确定的首批旅游综合改革试点城市。同时,总投资为35亿元的嵊泗徐公岛旅游综合体,总投资200亿元的奉化市阳光海湾和普陀旅游金三角旅游综合体等项目即将上马,大批海洋旅游主题岛和海洋休闲度假基地也相继投入建设,海上游艇、休闲海钓、滨海运动等时尚海洋旅游项目成为游客新宠。海洋旅游产品类型正在从单一的观光产品向观光、休闲度假、商务会展、购物娱乐、节庆活动等综合旅游产品方向发展。

3. 山地度假旅游资源与旅游产品

浙江省地形素有"七山一水两分田"的说法,山地丘陵面积占全省总面积的70.4%,山地度假旅游资源极为丰富。浙江山地度假旅游资源数量多、等级高、地位突出,在国务院公布的共119处国家级风景区中,浙江境内的雁荡山、普陀山、天台山、莫干山、雪窦山、双龙洞、仙都等均名列其中,这些风景区也都以山水资源为主要特色。其中,温州雁荡山是全国十大名山之一、国家重点风景名胜区;衢州江郎山三峰拔地而起,状若天柱,为"中国丹霞第一奇峰",被列为世界自然遗产,徐霞客曾三顾江郎山,感叹"不若此峰特出众山之上,自为变幻,而各尽其奇也";舟山普陀山素有"海天佛国"、"南海圣境"之称,以其神奇、神圣、神秘,成为驰誉中外的旅游胜地,是首批国家级重点风景名胜区、国家5A级旅游风景区;临安天目山国家级自然保护区分为东天目和西天目,其中西天目山海拔1505米,东天目山海拔1479米;临安大明山素以"一泓碧湖,十里幽谷,百丈飞瀑,千亩草甸,万米岩洞,群峰啸天,林海无边"而独步江南;德清莫干山与庐山、鸡公山、北戴河齐名,并称为"中国四大避暑胜地",素有"清凉世界"、"江南第一山"的美誉;金华仙华山素有"第一仙峰"之美称;台州天台山则是名僧济公的故乡,佛教天台宗的发祥地。

目前,浙江省已建设形成天目山休闲度假旅游区、仙居神仙居旅游度假区、大明山高山度假区、奉化四明山商量岗旅游度假区等大型山地休闲度假旅游基地。在不断彰显山地避暑胜地的优势外,还积极开发高山滑雪等冬季度假旅游产品,目前已建的滑雪场有江南天池滑雪场、四明山商量岗高山冰雪娱乐区、临安大明山滑雪场等,正在逐步形成产品类型丰富、优势特色互补的山地休闲度假旅游体系。

4. 湖泊水体度假旅游资源与旅游产品

浙江旅游资源的最大特色在于"水",省内江、河、湖、海、瀑、泉一应俱全,水域景观达 200 多处。浙江的湖泊水体景观还表现为山水相连的完美格局,形成山水相伴的美好意境。在古代,就是历代文人墨客所钟情的休闲度假之地,蕴藏了无数古代名人的趣事、轶闻、传说、游踪墨迹、楼台亭阁、磴道古桥、摩崖碑刻、诗词对联等文化景观,显示出自然美与人文美密切结合、水乳交融的魅力。例如,苏东坡的"水光潋滟晴方好,山色空蒙雨亦奇,欲把西湖比西子,淡妆浓抹总相宜",盛赞了西湖的美景;白居易的"日出江花红胜火,春来江水绿如蓝",描绘了富春江的独特风情;钱塘江潮则能够带给游客"壮观天下无"的独特意境。

浙江省内的杭州西湖、绍兴东湖、嘉兴南湖、宁波东钱湖、湖州太湖等名湖,以及人工湖千岛湖,都是著名的湖泊型休闲度假旅游胜地。同时,省内还拥有钱塘江、瓯江、甬江、灵江、飞云江、鳌江、苕溪、曹娥江、楠溪江,以及人工运河京杭大运河浙江段等水系。西湖及西湖周围地区水域风光类资源丰富,特别是观光休憩湖区类最为突出,"两江一湖"(富春江、新安江和千岛湖)风景区水面广、水质好、汇水面积大,森林覆盖率在省内外名列前茅,山、水、林并茂,拥有高质量的区域生态环境。国家重点风景名胜区永嘉楠溪江以水秀、岩奇、瀑多、村古、滩林美而闻名遐迩,河流柔曲摆荡,缓急有度,江水清澈见底,纯净柔和,水底卵石光洁平滑,色彩斑斓。泛舟漂游江上,近观郁郁滩林,远眺绵绵群山,俯视澄碧江水,令人心旷神怡。德清下渚湖是多样性景观的典型天然湖泊湿地,是长三角地区生态系统多样性高、原生状态保持最完整的天然湿地之一。

在浙江省共50个国家级和省级旅游度假区中,大部分所依托的核心旅游资源均为水体或湖泊。例如,淳安千岛湖旅游度假区、湖州太湖旅游度假区、湘湖旅游度假区、东钱湖旅游度假区、绍兴鉴湖—柯岩度假区等所依托的核心旅游资源是湖泊;杭州之江国家旅游度假区、兰溪旅游度假区、丽水瓯江风情旅游度假区、上虞曹娥江旅游度假区等依托的是钱塘江、瓯江水系,属于江河型旅游度假区。

5.乡村度假旅游资源与旅游产品

浙江是我国最早发展乡村旅游的省份。早在20世纪80年代,在杭州富阳,就出现了"吃农家饭、干农家活、享农家乐"的乡村旅游形式,深受市民的喜爱。此后,浙江各地依托丰富的海、陆、山、水等地貌和生态资源,加快旅游业与农、林、牧、渔等相关产业的融合互通,因地制宜发展了观光、休闲、度假、养生和康体等多种形式的乡村旅游业态,呈现出品质提升、内涵丰富、特色明显、市场广阔、魅力无穷等特征。

近年来,随着美丽乡村建设的不断深入,浙江各地涌现出一大批极具代表性的乡村旅游产品,安吉、德清、富阳、丽水等地的乡村旅游发展如火如荼,形成了农庄型、农事型、古村型、合作型、休闲型和特色型等丰富的产品类型,涌现出如桐乡乌镇、奉化滕头村、杭州明朗休闲农庄、兰溪兰花村、德清三九坞、舟山沈家门、长兴顾渚村、慈溪大桥农庄、南浔荻港农庄、云和梯田观光园、景宁云中大漈观光园等乡土气息浓郁、文化特色鲜明、综合品质优良的乡村旅游精品目的地。其中,奉化滕头村更是成为全国唯一以乡村旅游为主题的国家5A级景区。

浙江乡村旅游正呈现出重点带动、多点开花的局面,已经形成余杭塘栖枇杷节、余姚杨梅节、建德新安江·中国草莓节、中国(奉化)水蜜桃旅游文化节、乐清巨科枇杷采摘节等35条四季鲜果采摘游线路,拥有浙东海天佛国游、浙南奇山秀水游、浙西钱江溯源游和浙北竹乡民俗风情游等不同主题的4条旅游最佳线路。浙江安吉县、嘉善县、奉化市、桐庐县、遂昌县、长兴县、仙居县和余姚市等8个县(市)先后被国家农业部和国家旅游局命名为"全国休闲农业与乡村旅游示范县"。德清莫干山的"洋家乐"更是被《纽约时报》评为 2012 年全球最值得去的 45 个地方之一。①

6.都市休闲度假旅游资源与旅游产品

都市休闲度假旅游是将整个城市作为旅游吸引物,依靠城市文明的魅力、城市的总体形象来吸引旅游者进行休闲度假旅游。都市度假旅游是将整个城市作为度假旅游目的地,是一种全域旅游的概念,换句话说,整个城市空间就是旅游者的度假空间。

都市休闲度假旅游资源主要包括城市游憩资源和环城游憩资源,并在此基础上开发形成城市游憩空间和环城游憩带。城市游憩空间主要由城市基础设施、旅游设施和其他服务设施组成,包括各种供当地居民和外来游客共同使用的娱乐、休闲、商业、旅游场所。吴必虎、董莉娜等(2003)将城市公共游憩空间中同时面向外来游客及本地居民的内容进行了分类总结,具体见表 4-5。

表 4-5　城市游憩空间的主要组成部分

基本类型	具体形式	详细说明
城市步行空间	城市广场	交通集散广场、市政广场、市民广场、纪念性广场
	步行街	商业步行街、步行林荫道
城市滨水游憩空间	滨海游憩区	
	滨湖游憩区	
	滨江、河游憩区	
文博教育空间	博物馆	
	展览馆	
	美术、艺术馆	
商业游憩空间与商业设施	城市商务中心区	
	城市特色商业街区	
	食宿娱乐场所	
城市特色建筑、构筑物	建筑综合体	
	独立建筑	

① 浙江省旅游局:《浙江旅游业发展报告(2012)》。

续表

基本类型	具体形式	详细说明
旅游景区(点) 及设施	城市旅游公园	主题公园、名胜公园、野生动物园、水族馆(海洋公园)、观光农业园、游乐园
	城市史迹旅游地	历史地段(街区)、纪念地、遗址
	旅游度假区 (疗养区)	
	宗教寺观	
	高尔夫球场	

资料来源:吴必虎、董莉娜等《公共游憩空间分类与属性研究》,《中国园林》2003 年第5 期。

除城市中的各类游憩空间外,都市度假旅游资源的重要载体是城郊区域,即环城游憩带。吴必虎(2001)①认为,环城游憩带是指位于大城市郊区、主要为城市居民所光顾的游憩设施、场所和公共空间,特定情况下还包括位于城郊的外来旅游者经常光顾的国家级或省级旅游目的地。环城游憩带与中心城市的旅游开发具备功能上的互补关系,能够为都市旅游提供更大的活动空间,对城市旅游的空间拓展具有重要的意义。

都市休闲度假旅游的形成与发展需要同时具备多个条件:一是应具备良好的区位和交通条件,方便旅游者往来出入;二是应具备较高的资源条件,包括自然的山水园林、悠久的历史文化、丰富多彩的现代生活、多元化的城市风情等;三是应具备较好的城市面貌,包括科学合理的空间格局、便捷舒适的公共设施、整洁卫生的道路广场、热情友好的普通民众、先进高效的城市管理等;四是应具备良好的城市形象,体现积极向上、特色鲜明的城市风貌,并具有较好的知名度和美誉度。

浙江省共有 11 个地级城市,其中杭州、绍兴、宁波、嘉兴等城市作为中国优秀旅游城市,都在积极发展都市休闲度假旅游,都市休闲度假旅游资源与产品也较为丰富。以省会杭州为例,享有中国七大古都、国家历史文化名城、全国重点风景旅游城市、中国最佳旅游目的地城市等美誉,作为自古以来的"人间天堂",杭州不仅拥有世界文化遗产——西湖风景名胜区和京杭大运河,也拥有类型丰富、特色鲜明的城市游憩空间。

---

① 吴必虎:《区域旅游规划原理》,中国旅游出版社 2001 年版。

目前,杭州已经形成中山路南宋御街、清河坊步行街、小河路直街等 7 条休闲特色街区;拥有塘栖古镇、深澳古村落、河桥古镇慢生活街区、青芝坞休闲旅游慢生活特色街区等;全市 80 多家博物馆免费向市民和游客开放;"宋城千古情"、"印象西湖"等旅游演艺品牌为市民和游客提供了多元化的休闲娱乐场所;西湖博览会、中国动漫展、世界休博会等都在杭州落户安家。

7.古镇度假旅游资源与旅游产品

联合国教科文组织给出的江南水乡古镇的定义是,它是一种介于城市与乡村之间的人类集聚地,并在一定的区域形成完善的以水为中心的网络体系,是江南水乡地域文化的中心体现。随着城市化的扩张和生活节奏的不断加快,人们愈发渴望感受自然、回归传统,古镇以其悠悠古韵和淳朴的生活气息成为满足人们这一心理需求的重要载体。浙江境内拥有典型的江南水乡风情,民风淳朴、遗存丰富,著名的古镇有乌镇、南浔、新市、西塘、龙门、塘栖、前童、廿八都、安昌、石浦等。近年来,我国启动了"江南水乡古镇"联合申报世界文化遗产项目,其中,浙江古镇就占据了 4 个席位。从海滨到山区到平原,浙江各地众多古镇的自然风貌和人文环境特色各异,作为一种我国江南地区独特的聚落类型,古镇以小桥流水人家、白墙黛瓦青石、吴越民俗风情、千年历史建筑等突出的特点吸引了大批的国内外游客。

以嘉兴西塘古镇为例,西塘休闲度假旅游资源十分丰富,古镇内留存大量的明清古宅,有的处于深巷之中,有的则临水而建,共同营造出传统江南水乡幽深安静的氛围。此外,古镇保留了原汁原味的江南水乡风情和浓浓的生活气息,世代以来在此生活的居民仍然悠闲地生活在古镇里,田歌、庙会、越剧以及各种特色节日活动仍然在正常上演,原真性地保存了西塘人的生活脉络,也赋予了西塘长久的生命力。

作为国家 5A 级旅游景区的乌镇位于浙江省桐乡市,镇区内河网密布,港汊纵横,民居临河而建、傍桥而市,保留了独特的地方习俗和文化传统的历史街区,以河成街,街桥相连,依河筑屋,水镇一体,组织起水阁、桥梁、石板巷、宅第等独具江南韵味的建筑因素,真实体现了浓郁的水乡风情和深厚的文化底蕴,是江南水乡古镇的典型代表。

乌镇以统一景区的理念进行了古镇的整体性开发。其中,东栅景区定位为"水乡古镇风情观光区",整体小而精,水乡风貌完整,生活气息浓郁,手工作坊和传统商铺各具特色,特色展馆琳琅满目。西栅景区则定位为"世界遗产级的休闲度假景区",它的面积是东栅的3~4倍,完美地融合了观光和度假的功能,街区内名胜古迹、手工作坊、经典展馆、宗教建筑、民俗风情、休闲场所广泛分布,让人流连忘返;同时,重点建设了主题民宿、精品酒店、度假酒店、会议中心、剧院等一大批休闲度假设施,将流光溢彩的夜游休闲项目做得风生水起,让游客能够真正住下来品味古镇的文化魅力。

浙江省历史文化名镇如表4-6所示。

表 4-6　浙江省历史文化名镇

级别	数量	名称
国家历史文化名镇	10	嘉善县西塘镇、桐乡市乌镇、湖州市南浔镇、绍兴县安昌镇、宁波市江北区慈城镇、象山县石浦镇、绍兴市越城区东浦镇、宁海县前童镇、义乌市佛堂镇、江山市廿八都镇
省级历史文化名镇	36	杭州市余杭区塘栖镇、杭州市萧山区衙前镇、余姚市梁弄镇、永嘉县岩头镇、海宁市盐官镇、绍兴市柯桥镇、诸暨市枫桥镇、温岭市箬山镇(已并入石塘镇)、杭州市萧山区进化镇、建德市新叶、富阳市龙门镇、临安市河桥乡、慈溪市鸣鹤镇(现属观海卫镇)、永嘉县枫林镇、平阳县腾蛟镇、嵊州市崇仁镇、诸暨市斯宅民居、金华县曹宅镇、义乌市赤岸镇、浦江县郑宅镇、仙居县皤滩乡、台州市路桥、温岭市新河镇、舟山市马岙镇、岱山县东沙镇、德清县新市镇、嘉兴市新塍镇、兰溪市永昌街道、江山市清湖镇、龙游县湖镇镇、开化县霞山乡、温岭市温峤镇、天台县街头镇、丽水市莲都区西溪乡、青田县阜山乡、苍南县金乡镇

资料来源:根据相关资料整理。

8.运动休闲度假旅游资源与旅游产品

近年来,运动休闲旅游业作为旅游和体育产业的生动结合,呈现出良好的发展态势和广阔的发展前景。浙江省山水资源丰富,具备发展运动休闲度假旅游的基础条件,已经涌现出一批漂流、滑雪、骑行、赛艇、滑翔伞、徒步登山、海钓、绿道、沙滩运动等运动休闲旅游新业态,运动休闲产业发展前景不容小觑。

目前,全省已经拥有 4 个大型滑雪场馆,8 个国家级和省级海钓基地,10 条国家级、省级游步健身道,上百条漂流线路,以及逐步形成的舟山、象山、洞头"三点一线"的经典海钓"赛事链"。其中,杭州的爬山徒步线路,嘉兴南湖的划龙舟、皮划艇、登山、汽车越野等,绍兴乔波冰雪世界和奉化商量岗滑雪场等特色旅游项目都深受游客喜爱。宁海国家登山健身步道、中南百草园、龙门古镇景区、2011 杭州骑行日暨第四届杭州骑游大会、温州泽雅漂流、湖州江南天池滑雪场、中国象山海钓节等先后被评为中国体育旅游精品推荐项目。全省以绿道为代表的运动休闲旅游设施也取得丰硕的建设成果。例如,宁海县累计建成户外登山健身步道 500 公里,淳安县 130 多公里的环千岛湖骑行绿道已经全线贯通。

此外,浙江还积极开发各类体育运动的节庆赛事,推动运动休闲旅游的普及。目前,全省已拥有世界女排精英赛、中国国际武术大会、杭州国际马拉松、世界汽车漂移大赛等一大批精品体育赛事;打造了中国(义乌)国际旅游商品博览会、中国·长三角国际体育休闲博览会、中国国际休闲产业博览会等一系列高水平的博览会。2009 年,杭州富阳成为全国首个也是迄今为止唯一的国家运动休闲示范区。同时,浙江省还确定了千岛湖羡山旅游综合体等 3 家首批省级运动休闲旅游示范基地,"普陀区东极岛—普陀区白沙岛—象山县渔山岛—椒江区大陈岛—平阳县南麂岛"等 3 条省级运动休闲旅游精品线路,以及富阳永安山滑翔伞等 8 个首批省级运动休闲旅游优秀项目,以此培育全省运动休闲旅游的发展。[①]

浙江省运动休闲旅游示范基地、精品线路和优秀项目如表 4-7 所示。

表 4-7 浙江省运动休闲旅游示范基地、精品线路和优秀项目

名称	主营业务	级别
千岛湖羡山旅游综合体	游艇、网球、自行车	2012 年浙江省运动休闲旅游示范基地
浙江九龙山旅游度假区	马球、游艇、赛车、速度赛马	2012 年浙江省运动休闲旅游示范基地
中南百草原	CS、BMX、小轮车、拓展、漂流	2012 年浙江省运动休闲旅游示范基地

---

① 浙江省旅游局:《浙江旅游业发展报告 2012》。

续表

名称	主营业务	级别
杭州双溪旅游开发有限公司	余杭区双溪水漂流（漂流）—安吉县中南百草原（CS）—临安市东天目山（溯溪、徒步定向越野）	2012年浙江省运动休闲旅游精品线路
普陀区白沙乡人民政府	普陀区东极岛（海钓）—象山县渔山岛（海钓）—椒江区大陈岛（海钓）—平阳县南麂岛（海钓）	2012年浙江省运动休闲旅游精品线路
温州江心西园开发有限公司	鹿城区江心西园（水上娱乐）—瓯海区泽雅大峡谷（漂流）—温州市大罗山（登山）	2012年浙江省运动休闲旅游精品线路
富阳永安旅游开发有限公司	滑翔伞（永安山）	2012年浙江省运动休闲旅游优秀项目
绍兴乔波冰雪世界有限公司	室内滑雪（柯岩）	2012年浙江省运动休闲旅游优秀项目
苍南渔寮风景区	游泳（渔寮）	2012年浙江省运动休闲旅游优秀项目
桐庐纪龙山神仙峰户外运动有限公司	攀岩（神仙峰）	2012年浙江省运动休闲旅游优秀项目
衢州康源旅游开发有限公司	皮艇漂流（浮盖山）	2012年浙江省运动休闲旅游优秀项目
杭州西山国家森林公园	徒步（西山游步道）	2012年浙江省运动休闲旅游优秀项目
天台水云间体育俱乐部	丛林CS（琼台仙谷）	2012年浙江省运动休闲旅游优秀项目
宁波美林旅游开发有限公司	高山户外滑雪（商量岗）	2012年浙江省运动休闲旅游优秀项目

资料来源：《浙江旅游业发展报告（2012）》。

9.节庆休闲度假旅游资源与旅游产品

张伦书（2002）[①]认为，节庆是指某些地区或城市以其独特的资源，包

---

① 张伦书：《论节庆经济持续创新能力与评价指标体系》，《桂海论丛》2002年第5期，第85—88页。

括历史、文化和艺术、传统、体育、风俗习惯、风情风貌、地理优势、气候优势、遗址、胜地、古迹等为主题,自发而周期性举行的大型庆祝活动。吴必虎(2001)①认为,节庆旅游是一种特殊的旅游形式,是由节庆活动的吸引力引发的游客流。目前,国内的节事活动既有立足本地风俗习惯和文化传统的节庆活动,又包含政府策划的节庆和特殊事件,从涉及的内容来看,主要可以分为文体类、经济类、体育休闲娱乐类三大类别,涵盖了文娱演出、经贸洽谈会、博览、嘉年华狂欢等众多的主题内容。

目前,浙江立足于传统文化的传承与发展,对一些传统的节庆活动加以不断的丰富和完善,使节庆活动常态化发展。形成一些具有传统特色节庆活动,主要包括海宁盐官的钱塘江观潮节、舟山普陀山的观音香会、金华的元宵灯会、杭州的吴山庙会、杭州西溪的端午龙舟节、景宁的畲族三月三等。例如,杭州西溪湿地在每年的端午节都会举办大型的龙舟节,邀请本地村民和外地的龙舟团队举行龙舟竞渡比赛,同时还展示古老的渔网编织、百丈竹刻等非物质文化遗产,让游客以听觉、视觉、味觉等方式全面体验龙舟文化。再如,浙江景宁的畲族地区,每年的农历三月初三,村民都会云集宗祠,自晨至暮,对歌盘歌,怀念始祖,并炊制乌饭,故又称"乌饭节"。现在,"畲族三月三"被列入第二批国家级非物质文化遗产名录,并荣获"最具特色民族节庆"称号。

在大力弘扬传统节日文化的同时,浙江各地在美丽乡村建设的过程中,还积极推出了一批农业类节庆活动,形成了广泛的社会影响。例如西湖龙井开茶节、杭州塘栖枇杷节、建德新安江·中国草莓节、中国·余姚杨梅节、奉化水蜜桃节、天宫庄园桑果节、温州早茶节、长兴陆羽国际茶文化节、嘉善杜鹃花节、桐乡菊花节、新昌大佛龙井茶文化节、浦江葡萄节、开化龙顶开茶节、中国(庆元)香菇节、中国茶商大会·松阳银猴茶叶节、仙居·浙江油菜花节、中国普陀佛茶文化节等。

浙江省重点扶持的文化节庆活动如表 4-8 所示。

---

① 吴必虎:《区域旅游规划原理》,中国旅游出版社 2001 年版。

表4-8　浙江省重点扶持的文化节庆活动

节庆活动名称	已举办届次	办节周期
杭州西博会·狂欢节	五届	每年一届
中国·桐庐民间剪纸艺术节	三届	两年一届
中国·秀洲农民画艺术节	三届	两年一届
中华·德清游子文化节	三届	两年一届
中国湖笔文化节	四届	两年一届
中国·象山开渔节	十届	每年一届
中国·诸暨西施文化节	三届	每年一届
绍兴大禹祭典	十九届	每年一届
中国·浦江书画节	五届	三年一届
中国义乌文化产品交易博览会	三届	每年一届
中国·临海江南长城文化节	九届	两年一届
中国·玉环海岛文化节	一届	四年一届
中国·青田石雕文化节	两届	三年一届
中国·龙泉青瓷宝剑节	四届	每年一届
中国·遂昌汤显祖文化节	两届	两年一届
中国·景宁畲乡"三月三"民歌节	四届	每年一届
中国·衢州孔子文化节	两届	两年一届
中国·岱山海洋文化节	三届	每年一届

资料来源：根据相关资料整理。

　　以每年一届的杭州西湖博览会为例，最早创立于1929年，此后一直停办，直至1999年重新焕发生机。在每年的西博会上，都会举办一系列的休闲娱乐活动，成功地吸引了世界各地的休闲度假旅游者参与其中。第十六届杭州西湖博览会活动项目如表4-9所示。

表 4-9　第十六届杭州西湖博览会活动项目

项目	地点	具体内容
中国杭州超山梅花节	余杭超山风景区	展示现代产业体系成果,发展文化创意产业,打造旅游产业为特色,以超山梅文化为切入点,结合宗教文化、金石书画在内的三大文化
桐庐山花节	桐庐横村阳山畈	依托桐庐横村阳山畈等地丰富的生态农业资源,围绕"潇洒桐庐 烂漫山花"主题,举办摄影采风、新人婚纱摄影大赛、企业俱乐部休闲目的地签约等活动
富春江运动节	富阳市	富阳休闲运动节系列活动及各项比赛,融合体育和旅游两大产业,安排五大旅游节庆活动
建德新安江旅游节	建德新安江	推出"水上运动嘉年华"、"水上休闲嘉年华"、"水上幸福嘉年华"三大系列 16 项活动
国际(萧山)钱江观潮节	萧山区、湘湖景区、萧山钱江观潮城等地	推出开幕式、现场观潮等 12 项主体活动和众多特色活动,为市民游客打造"精彩、亲民、欢乐"的旅游嘉年华
(淳安)国际露营大会	淳安千岛湖景区	以"露营＋旅游＋户外活动"为主体,举办五公里横渡、环千岛湖房车巡游活动、"双百"穿越活动、持杖徒步毅行等活动
临安冬季旅游活动	临安市各大景区	主要开展浪漫登山节、大明山滑雪节等系列活动
横渡钱塘江活动	钱塘江城市阳台江面	主要开展群众性横渡和公开水域游泳大赛活动
钱塘购物节	江干区主要商贸企业	主要分为美食啤酒区、新车品鉴区、文创商品区
钱塘江冲浪嘉年华	钱江新城市民广场	通过以钱塘江江面冲浪和陆上专业滑板赛为主体的比赛、表演、现场游戏、互动体验等各种元素相互结合,为国内外冲浪及极限运动爱好者安排内容丰富的活动
西博会国际旅游节	杭州各区、县(市)	整合推出"文化体验"、"会议会展"、"运动休闲"、"时尚购物"、"美食美味"、"浪漫金秋"、"休闲生活体验季"等旅游节庆项目
中国大运河庙会	运河广场与拱宸桥、拱宸桥至登云桥一带两岸及水面、香积寺码头与广场	由运河祈福、开幕式暨彩船嬉歌行、三素食集、运河"非遗"体验(手工百匠)、运河特色商业体验购买活动等内容组成
杭州吴山庙会暨第五届南宋御街国际旅游文化艺术节	吴山广场、南宋御街步行区、清河坊	以"逛市井庙会·展南宋遗风"为主题,举办祭祀大典、"福"文化展示、南宋文化展演与互动活动、商贸活动等

资料来源:根据相关资料整理。

4.2.2 政策条件

1.早期旅游业发展政策

浙江省休闲度假旅游的快速发展也得益于长期以来国家和地方政策的大力支持。早在改革开放初期,1978 年 10 月至 1979 年 7 月间,邓小平同志就连续五次谈话,明确提出"旅游事业大有文章可做,要突出地搞、加快地搞",为中国旅游业的发展指明了方向。1984 年,中央提出加快旅游基础设施建设,要采取"国家、地方、部门、集体和个人一起上,自力更生和利用外资一起上"的方针,揭开了全方位发展旅游产业的序幕。1986 年,国务院决定将旅游业纳入国民经济与社会发展计划,正式确立其国民经济地位。1992 年,《中共中央国务院关于加快发展第三产业的决定》(中发〔1992〕5 号)中明确提出旅游业是第三产业的重点。1993 年,国务院办公厅批转了国家旅游局《关于进一步发展国内旅游的请示》,提出了"搞活市场、正确引导、加强管理、提高质量"的总体方针,自此国内旅游被提高到了与入境旅游同等重要的地位。1998 年,中央经济工作会议又将旅游业确定为国民经济新的增长点。

2. 休闲度假旅游发展政策

对于休闲度假旅游业的各项政策,则是在 2000 年以后才逐步开始推出的。2001 年,发布了《国务院关于进一步加快旅游业发展的通知》(国发〔2001〕9 号),指出"推进旅游产品多样化,在发展观光旅游并不断注入新内容的同时,积极探索休闲度假旅游、都市旅游、会展旅游等新型旅游方式,开发适销对路的特种旅游产品,以适应不同档次、不同消费兴趣旅游者的需求,规划建设一批国家生态旅游示范区、旅游扶贫试验区、旅游度假区"。2009 年,颁布了《国务院关于加快发展旅游业的意见》(国发〔2009〕41 号),提出要"积极发展休闲度假旅游,引导城市周边休闲度假带建设,有序推进国家旅游度假区发展"。

2013 年,我国颁布《国民旅游休闲纲要(2013—2020 年)》(国办发〔2013〕10 号),其中详细指出今后的发展目标:到 2020 年,职工带薪年休假制度基本得到落实;保障国民旅游休闲时间;改善国民旅游休闲环境;

推进国民旅游休闲基础设施建设;加强城市休闲公园、休闲街区、环城游憩带、特色旅游村镇建设,营造居民休闲空间;发展家庭旅馆和面向老年人和青年学生的经济型酒店,支持汽车旅馆、自驾车房车营地、邮轮游艇码头等旅游休闲基础设施建设;加强国民旅游休闲产品开发与活动组织;鼓励开展城市周边乡村度假,积极发展自行车旅游、自驾车旅游、体育健身旅游、医疗养生旅游、温泉冰雪旅游、邮轮游艇旅游等旅游休闲产品。

2014年,《国务院关于促进旅游业改革发展的若干意见》(国发〔2014〕31号)再次提到要"积极发展休闲度假旅游",提出在城乡规划中要统筹考虑国民休闲度假需求,加强设施建设,完善服务功能,合理优化布局,营造居民休闲度假空间。《意见》还作出了许多具体要求,包括:加快建设慢行绿道;建立汽车营地和露营地建设标准;推出具有市场吸引力的铁路旅游产品;积极发展森林旅游、海洋旅游;支持邮轮游艇、索道缆车、游乐设施等旅游装备制造国产化,积极发展邮轮游艇旅游、低空飞行旅游。同时,为了更好地推进度假旅游的发展,《意见》还要求抓紧落实职工带薪休假制度,强化休假理念,创造休假条件。

3. 浙江省相关政策

在旅游业发展的大背景下,浙江省在旅游业发展的纲领性文件中也积极引导休闲度假旅游的发展。2001年,浙江省出台了《浙江省人民政府关于进一步加快旅游产业发展的若干意见》(浙政发〔2001〕52号),要求"加快旅游度假区的建设步伐,对国家级、省级旅游度假区实行与省级经济技术开发区相同的政策",并于同年实行《浙江省旅游度假区管理办法》。2004年,《中共浙江省委、浙江省人民政府关于建设旅游经济强省的若干意见》(浙委〔2004〕23号)提出,要"全面打造文化旅游、海洋旅游、生态旅游、商贸旅游、休闲旅游五大品牌,着力构建杭州湾文化休闲旅游经济带等十大旅游区"。2010年,颁布《浙江省人民政府关于进一步加快旅游业发展的实施意见》(浙政发〔2010〕56号),明确"旅游业要成为转型升级的先行产业",并具体指出"进一步提升旅游业发展层次,满足多元化、多层次、多样性的旅游需求,产业形态由观光为主向休闲、商务、会展等新型业态拓展"。该文件还首次提到积极推进旅游度假区的改革创新,把旅游度假区真正建设成为旅游经济强省建设的先行区、旅游产业的集聚区、旅游经济转型升级的示范区。

4.2.3 旅游交通条件

便捷的旅游交通网络的发展是休闲度假旅游的必要条件。目前,浙江省已经形成以公路、铁路、海运、河运、航空等运输方式所组成的立体旅游交通网络,由电话网、移动通信网、数据通信网、智能网、支撑网组成的现代化信息网络,促进了各城市旅游信息交换,也使得各城市旅游区之间的联系变得更加紧密、快捷,浙江省旅游空间连接体系日臻完善(见表4-10)。

表 4-10　浙江省旅游交通网络与空间链接体系

连接形式		构成	连接能力
航空		有杭州、宁波、温州、义乌、黄岩、衢州、舟山7个民用机场,其中杭州萧山机场和宁波栎社机场为国际机场	主要对外联系方式
铁路		有沪杭、浙赣两条干线和萧甬、宣杭、金温等支线,杭州、宁波、温州为主要始发站,杭州东站、金华西站为主要中转站	主要对外联系方式
公路	国道	104、320、329、330国道等	对内对外联系方式
	高速	沪杭、杭金衢、甬台温、杭宁、杭甬、金丽温、上三、乍嘉苏、甬金、申苏浙皖、杭徽、台缙、杭新景、黄衢南、杭浦、申嘉湖、诸永、杭州湾宁波通道、舟山大陆连岛等	全省"四小时交通圈"形成,对内、对外最主要联系方式
水运		沿海港口及京杭大运河航运	区内外连接通道

资料来源:商丽华《浙江省旅游空间结构及其优化研究》,浙江师范大学学位论文,2010年。

浙江省的旅游交通网络可以简单概括为"五纵四横"。

五纵是指:(1)沪—杭—金—丽—温旅游经济联系通道,该线贯穿浙江省全境,以沪杭高速、沪杭铁路、杭金衢高速、浙赣铁路、金丽温高速、金温铁路为主要依托,经过嘉善、嘉兴、桐乡、海宁、杭州、诸暨、浦江、义乌、金华、武义、永康、缙云、丽水、青田、永嘉、温州等旅游城市。(2)以甬台温—杭州湾跨海大桥—乍嘉苏—苏嘉杭高速为主要依托的旅游经济联系通道,经过嘉兴、海盐、平湖、慈溪、余姚、宁波、奉化、宁海、三门、临海、台州、乐清、温州、瑞安、平阳、苍南等旅游城市。(3)以杭宁—杭新龙—龙丽高速为主要依托的旅游经济联系通道,经过长兴、湖州、德清、杭州、富阳、桐庐、建德、龙游、遂昌、松阳、丽水等旅游城市。(4)以上三高速为主要依托的旅游联系通道,经过上虞、嵊州、新昌、天台、三门等旅游城市。(5)以诸永高速为主要依托的旅游经济联系通道,经过诸暨、东阳、磐安、仙居、永嘉等旅游城市。

四横是指:(1)以杭甬、杭徽高速及舟山大陆连岛工程等为主要依托的旅游经济联系通道,经过舟山、宁波、余姚、慈溪、上虞、绍兴、杭州、临安等旅游城市。(2)以甬金、杭金衢高速及浙赣铁路等为主要依托的旅游经济联系通道,经过宁波、奉化、新昌、嵊州、东阳、义乌、金华、龙游、衢州、常山等旅游城市。(3)以台缙、龙丽庆高速为主要依托的旅游经济联系通道,经过台州、临海、仙居、缙云、丽水、云和、龙泉、庆元等旅游城市。(4)以申嘉湖、申苏浙皖高速等为主要依托的旅游经济联系通道,经过长兴、湖州、桐乡、嘉兴、嘉善等旅游城市。①

4.3 休闲度假旅游发展的市场条件

4.3.1 旅游者的需求转变

马斯洛的需求理论将人类需求从低到高分为生理需求、安全需求、社交需求、尊重需求、自我实现的需求等五个部分。旅游活动在本质上属于较高层次的需求,与人的自我发展和自我实现紧密有关。因此,当今的旅游需求在身心的愉悦、情感的投入、创造性的参与等方面表现得越来越突出,旅游活动也逐渐趋向于富有特色和个性的休闲度假旅游。我国自1999年开始实行"黄金周"休假制度后,居民休闲旅游需求得到了飞速的增长,以休闲度假为目的的旅游市场正在呈现几何级数的发展态势。随着旅游者出游意识的增强,以及旅游经验的丰富,观光旅游向休闲度假旅游的需求转变已经成为一种必然的趋势。

① 商丽华:《浙江省旅游空间结构及其优化研究》,浙江师范大学学位论文,2010年。

4.3.2　居民人均可支配收入的提高

可支配收入是指收入扣除直接税,但包括政府补贴在内的收入。可自由支配收入越高,旅游支付能力,特别是以休闲和度假为代表的高端旅游支付能力就越强。按照国际经验,当人均国内生产总值达到 3000 美元时,人们的度假需求普遍存在。根据表 4-11 中的数据可以看出,2004—2012 年,我国人均国民生产总值从近 2000 美元增加到 6000 多美元,近 10 年来,我国的休闲度假旅游需求呈现快速增长的态势。

表 4-11　2004—2012 年居民收入与旅游消费数据统计

年份	人均国民生产总值(元)	人均国民生产总值(美元)	人均可支配收入(元)	旅游总消费(亿元)	国内旅游人均消费(元)
2004	12336	1973	9422	4711	428
2005	14185	2268	10493	5286	436
2006	16500	2638	11759	6230	447
2007	20169	3225	13786	7771	483
2008	23708	3791	15781	8749	511
2009	25608	4094	17175	10184	535
2010	30015	4799	19109	12580	598
2011	35198	5629	23979	19305	701
2012	38420	6144	24565	22706	768

4.3.3　闲暇时间的增加

充足的闲暇时间是休闲度假旅游得以实现的重要条件之一。西方的带薪休假制度较为完善,休假时间通常可以达到一个月左右,法国和西班牙还在尝试公共假日叠加工作休假的休闲体制,以更进一步延长休假时间。目前,我国居民可用于度假的时间主要来源于法定休息日和带薪休假,时间相对短而固定,但一年中的次数较多,常与传统节日相重叠。这也限定了人们的出行距离和度假时间长度,短线度假旅游成为目前市场最受欢迎的产品。随着我国带薪休假制度的进一步完善和普及,闲暇时间的增多必将带动整个休闲度假旅游市场的进一步增长。

部分国家的带薪休假时间如表 4-12 所示。

表 4-12 部分国家的带薪休假时间

国家	法律规定	劳资方集体协议
比利时	24 天	4～5 周
丹麦	30 天	
法国	30 天（其中 12 天为连休）	5～6 周
德国	18 天	6 周
西班牙	21～30 天	22 天以上
英国		4～5 周
加拿大	2～3 周起	
日本	10 天起	

4.3.4 趋于成熟的旅游市场消费模式

当前,我国旅游业正经历着从单一的观光旅游向观光、度假旅游相结合的重要转变,休闲度假旅游已经形成了规模化的市场需求。成熟的旅游者已经厌倦了走马观花式的旅游方式,追求以休息、放松、休闲、娱乐为主要目的的休闲度假游。在沿海旅游经济发达的省份,旅游市场的消费方式已经出现了根本性的改变,诸如周末郊区度假游、长假国外游成为值得关注的市场趋势。可以预见的是,休闲度假旅游将在不久的将来由大众化普及上升为人们的一种生活方式。

4.4 旅游度假区的发展现状与存在问题

4.4.1 浙江省旅游度假区的发展现状

旅游度假区是指以消遣、保健、休闲、娱乐为目的,能够满足旅游者多样化需求,具有全方位旅游功能的综合性旅游区。早期的旅游度假区主要以接待海外旅游者为主,现在的旅游度假区已经没有这一特殊要求了。根据旅游资源的禀赋特点,《旅游度假区等级划分》(GB/T 26358—2010)将我国的旅游度假区主要划分为滨海旅游度假区、滨湖旅游度假区、高山滑雪旅游度假区、山地森林旅游度假区、温矿泉旅游度假区等几种类型。

旅游度假区是发展休闲度假旅游的重要载体。因此,浙江省在创建、提升旅游度假区方面投入了前所未有的热情和关注,全省旅游度假区正迎来新一轮的快速发展。截至 2015 年底,浙江省已拥有 4 个国家级旅游度假区、46 个省级旅游度假区。通过表 4-13 的基本信息可以得出,"山"、"江"、"湖"、"泉"、"文"、"海"、"岛"、"田"、"林"是浙江旅游度假区的核心资源依托,并形成这些核心资源的空间集聚,从而构成以山岳型、江河型、湖泊型、温泉型、海岛型、乡村型、文化型为主体的类型多样化的旅游度假区类型体系。

表 4-13 浙江省旅游度假区的基本信息

序号	度假区名称	核心资源要素	设立年份
1	杭州之江国家旅游度假区(国家级)	山、江、文	1992
2	湘湖旅游度假区(国家级)	文、湖	2015
3	湖州太湖旅游度假区(国家级)	湖、田	2015
4	东钱湖旅游度假区(国家级)	湖、泉、山	2015
5	会稽山旅游度假区(省级)	山、文	1995
6	瓯江旅游度假区(省级)	江、岛	1995
7	淳安千岛湖旅游度假区(省级)	山、湖、岛、林	1997
8	嘉兴湘家荡旅游度假区(省级)	湖、田、温泉	1997
9	兰溪旅游度假区(省级)	江、文、岛	1997
10	武义温泉旅游度假区(省级)	温泉、田	1997
11	宁波松兰山旅游度假区(省级)	海、山、文化	1998
12	平湖九龙山旅游度假区(省级)	山、海、林	1998
13	临海牛头山旅游度假区(省级)	山、湖、林	2001
14	龙游石窟旅游度假区(省级)	江、文	2001
15	金华仙源湖旅游度假区(省级)	湖、山、田	2002
16	仙居神仙居旅游度假区(省级)	山、田、文	2003
17	绍兴县鉴湖—柯岩旅游度假区(省级)	湖、文	2008

序号	度假区名称	核心资源要素	设立年份
18	嵊州温泉旅游度假区（省级）	泉、湖、文	2010
19	丽水瓯江风情旅游度假区（省级）	江、文	2010
20	诸暨五泄旅游度假区（省级）	江、林、文	2011
21	景宁畲族风情旅游度假区（省级）	山、文、林	2011
22	磐安云山旅游度假区（省级）	山、林、文	2011
23	长兴太湖图影旅游度假区（省级）	湖、文	2012
24	安吉灵峰旅游度假区（省级）	田、文	2012
25	上虞曹娥江省级旅游度假区（省级）	田、文、江	2012
26	开化钱江源旅游度假区（省级）	江、山、文	2012
27	定海海洋旅游度假区（省级）	海、文	2012
28	普陀朱家尖旅游度假区（省级）	海、文、山	2013
29	临安浙西旅游度假区（省级）	山、林、水	2013
30	松阳田园旅游度假区（省级）	田、林、文	2013
31	德清莫干山国际旅游度假区（省级）	山、文、林	2013
32	嘉善云澜湾温泉旅游度假区（省级）	温、田	2013
33	东阳东白山旅游度假区（省级）	山、文	2013
34	宁海森林温泉旅游度假区（省级）	温、林、山	2013
35	文成天湖旅游度假区（省级）	山、文、林	2013
36	遂昌黄金旅游度假区（省级）	文、山、林	2013
37	南浔古镇旅游度假区（省级）	田、文、古镇	2013
38	云和湖旅游度假区（省级）	湖、山、梯田	2013
39	常山三衢湖旅游度假区（省级）	水、山	2014
40	海宁盐官旅游度假区（省级）	江、潮、文	2014
41	宁波保国寺荪湖度假区（省级）	文、山、林	2014
42	三门蛇蟠岛旅游度假区（省级）	海、岛	2014
43	桐庐富春江慢生活旅游度假区（省级）	江、田、文	2014
44	新昌天姥山·十里潜溪旅游度假区（省级）	山、溪、文	2014
45	乌镇—石门旅游度假区（省级）	古镇、田园、文	2014
46	大陈岛旅游度假区（省级）	海、岛、林	2014
47	西塞山旅游度假区（省级）	山、林、文	2015

续表

序号	度假区名称	核心资源要素	设立年份
48	盛世莲花旅游度假区（省级）	田、文	2015
49	浦江仙华山旅游度假区（省级）	山、文、田	2015
50	温岭石塘半岛旅游度假区（省级）	海、文、岛	2015

资料来源：根据浙江省旅游局官方网站相关资料整理。

4.4.2　浙江省旅游度假区的特色产品

1. 杭州之江国家旅游度假区

杭州之江国家旅游度假区是国务院 1992 年批准建立的 12 个国家级旅游度假区之一，位于国家级历史文化名城杭州，紧邻西湖风景名胜区，是"三江两湖"黄金旅游线路的必经之地。度假区内有宋城、龙坞茶村、西湖国际高尔夫乡村俱乐部、大清谷、白龙潭景区和九溪玫瑰园等一批度假单元，并形成文化艺术之旅、运动休闲之旅、美丽乡村之旅等精品游线。

2. 浙江省湘湖旅游度假区

湘湖旅游度假区于 1995 年经浙江省人民政府批准成立，自 2006 年开放，2015 年被国家旅游局批准为国家级旅游度假区，位于杭州市萧山区城西，距杭州市中心 20 公里，是国家 4A 级旅游度假区、中国百强旅游景区、中国休闲旅游目的地。湘湖旅游度假区集湖光山色为一体，拥有跨湖桥遗址博物馆、杭州极地海洋公园（萧山少儿公园）、下孙文化村、荷花庄等主题公园，拥有 34000 平方米的金沙滩区和 5600 平方米的户外游泳池的金沙戏水景点、湘湖水景秀、登山游步道、湘浦观鱼、第一世界大酒店、世外桃源皇冠假日大酒店等度假设施和项目。

3. 浙江省淳安千岛湖旅游度假区

千岛湖旅游度假区是首批全国重点风景名胜区、国家 5A 级旅游景区、中国十大魅力休闲旅游湖泊、中国最佳自然生态魅力名镇。度假区内高星级度假酒店集群发展，拥有千岛湖开元度假村、绿城喜来登、温馨岛浙旅度假酒店、万向洲际、滨江希尔顿、天屿悦榕庄等 10 多家五星级度假旅游酒店,并拥有千岛湖游艇俱乐部、高尔夫、水上娱乐运动中心、自驾车野营基地、山地文化公园等高端度假旅游产品。千岛湖正朝着国际旅游休闲度假胜地迈进。

4.宁波松兰山旅游度假区

宁波松兰山旅游度假区位于象山县城东南 9 公里的海滨,海岸线绵长,海滨风光优美,现代化的旅游度假设施齐备,大小不一的天然沙滩浴场平磨如席、沙细似绢,让人玩沙沐阳、嬉水蹈浪,流连忘返。区内还建有汇集海洋生物标本、珍稀动物的百鸟乐园,是理想的青少年科普活动基地;拥有荒岛探险、岩峰垂钓、野外露营等功能的海岛狩猎度假村,以及海滨公园、黄金海岸大酒店等休闲度假旅游设施。

5.浙江平湖九龙山旅游度假区

平湖九龙山旅游度假区位于平湖市乍浦镇境内,目前已建成高尔夫俱乐部、马术俱乐部、游艇俱乐部和航空俱乐部等休闲度假旅游产品,并被浙江省体育局认定为"浙江省运动休闲基地"。度假区一直以来都致力于突显运动休闲的度假旅游特色,开展了马球、游艇、赛车、赛马、高尔夫等高端运动项目。近年来,先后举办了首届长三角运动休闲体验季浙江九龙山站活动、2014 浙江九龙山全国速度赛马骑师邀请赛暨驭马文化节、2014 美巡赛中国系列赛九龙山公开赛、九龙山赛车俱乐部兰博基尼新车试驾活动、九龙山乐满地国庆嘉年华活动、九龙山马球俱乐部青少年骑术学校夏令营等一系列有影响力的赛事活动。

4.4.3 浙江省旅游度假区的设施水平

度假酒店是满足休闲度假旅游需求的重要内容,同时也是提升度假旅游发展水平的重要标志。伴随着各地旅游度假区的蓬勃发展,休闲度假旅游市场也不断出现新变化、新需求。在此基础上,各类度假酒店也呈现出遍地开花、局部集聚的局面。纵观目前的浙江度假酒店,多选址在海岛、山地、湖泊等自然风景区附近,交通便利、设施完善,在设计风格上越来越追求与自然的浑然天成,并重点强调酒店的主题化和服务的个性化。

部分旅游度假区已经出现了休闲度假酒店集群。例如,杭州西湖景区内坐落有法云安缦度假酒店、西子湖四季度假酒店、隐居西湖别墅酒店、九里云松度假酒店等300多家度假酒店;杭州西溪国家湿地公园周边已形成一个西溪度假酒店群,集合着悦榕庄度假酒店、西溪度假酒店、西溪喜来登度假酒店、西溪悦椿度假酒店、西溪天堂西轩酒店、西溪花间堂等50多家度假酒店;杭州之江国家旅游度假区内建有绿城玫瑰园度假酒店、千禧度假酒店、杭州热土养生庄园等40多家度假酒店;浙江湘湖旅游度假区则包括有杭州世外桃源皇冠假日酒店、杭州第一世界大酒店、杭州太虚湖假日酒店等多家度假酒店。而在著名的千岛湖旅游度假区,则集合了天屿度假酒店、温馨岛浙旅度假酒店、绿城喜来登度假酒店、千岛湖洲际度假酒店、千岛湖滨江希尔顿度假酒店等10多家五星级度假酒店。在舟山普陀山,建有普陀山国际佛教文化交流中心·如易阁、普陀山雷迪森庄园等200余家度假酒店。

除高品质、主题性的度假酒店外,浙江各地的度假旅游设施也在不断丰富,诸如森林小木屋、邮轮、乡村客栈、特色民宿、野营帐篷、汽车营地等都纷纷发展起来,显示出强大的市场吸引力和生命力。这些度假旅游设施凭借独特的自然资源优势和特殊的旅游体验环境,能够带给休闲度假游客不一样的生活感受。2014年,国内首个以野奢度假为主题的帐篷客酒店在"中国白茶第一乡"——安吉县开业,酒店位于云雾缭绕的万亩茶林间,并提供了丰富多彩的度假娱乐活动供游客参与,或亲身体验采茶、制茶、贮茶的乐趣,或与茶艺师一对一地研习茶艺,或在茶园中体验SPA、瑜伽、冥想。另一个极具代表性的案例就是德清的莫干山。经过多年的发展,莫干山已经形成以裸心谷、法国山居、后坞生活、隐居莫干、西坡29号、枫华会所、香巴拉等为代表的德清"洋家乐"的集聚,高端度假民宿的规模已达到30多家,主要由南非、法国、韩国等国家的人士投资建设,游客们在这里可以爬山、散步、骑车、钓鱼,静听鸟鸣声、竹叶的摇曳声,至今,已经吸引了50多个国家300多座城市的游客前来探访。

4.4.4 浙江省旅游度假区发展的问题

1.度假型旅游资源缺乏

尽管浙江省在旅游度假区建设方面取得了较好的成果,但是众多的旅游度假区仍然普遍表现为以观光旅游资源为主,度假型旅游资源的供给较为缺乏,能够让旅游者停留下来、住下来的休闲、娱乐、康体等项目和设施开发水平不够,尚处于初级发展阶段。这一问题的产生主要是因为浙江旅游度假区大多由传统的观光型景区发展而来,旅游活动也是以观山看水、赏景游景为主,虽然旅游资源的品质较高,但是旅游产品的开发类型却较为单一,从而使度假产品和设施的开发水平受到局限。

2.度假区市场定位不准确

随着旅游度假区建设热潮的兴起,众多的旅游地都以此为重要目标,但也导致旅游度假区跟风建设、定位不准等问题的出现。许多旅游度假区在建设初期都定位过高,盲目跟风地发展一些所谓的高端度假旅游产品和接待设施,如高尔夫、马术、游艇等,过高地估计了度假旅游者的消费水平。通过相关数据统计可以得知,目前浙江省国内旅游的人均消费还不足以支撑这些高端旅游产品,从而出现结构性短缺,供给与需求产生严重脱节,导致度假区的经营管理陷于困境。

3.度假区建设缺少科学规划和环境关照

现有的旅游度假区多处于先建设后规划的状态,有些度假区虽然有先期规划,但规划不够科学合理。此外,旅游度假区的规划多偏重开发建设及其景观美学效果,对保护与管理重视不够,导致度假区建设周期太短,项目建设存在盲目性。此外,由于缺少科学的规划,在度假区建设过程中,还存在对资源的利用时空分布不均衡,在空间上和时间上开发过于集中,缺乏环境影响评价等问题。例如,在高尔夫球场对地下水的影响,滨海道路建筑对海岸线的影响,山地建筑对水文生态系统的影响等方面,度假区常常忽视其资源的抵抗力和恢复力,使资源遭受破坏,也挤占了未来的发展空间。

4.5 小 结

综上所述,本章首先梳理了浙江省休闲度假旅游的发展历程,对其发展现状进行了客观的评述；其次，重点阐述了浙江省休闲度假旅游发展的重要条件，主要提出资源条件、政策条件和交通条件是发展休闲度假旅游的核心基础，并着重从温泉、海岛、山地、湖泊、乡村、都市、古镇、运动、节庆等九个方面分析了浙江省发展休闲度假旅游的资源条件及目前的产品开发现状。对现状和条件的全面分析，有助于对现实和未来发展方向作出科学合理的判断，同时也从另一个角度明确了浙江省休闲度假旅游的具体发展方向。

　　旅游度假区是发展休闲度假旅游的重要载体，在旅游度假区建设方面，浙江省也是一直走在全国前列的，也形成了多个地方经典案例。因此，本章重点探讨了目前浙江旅游度假区的发展现状、特色产品、设施水平，并总结了存在的一些主要问题，以为后续的对策研究奠定扎实的基础。

5　浙江省休闲度假旅游的实证研究

5.1　实证研究的理论基础

5.1.1　旅游动机理论

1. 旅游动机的概念

旅游动机作为旅游研究一个很重要的领域,一直受到学者们的关注,常被视为研究旅游者行为和旅游系统的起点(Mill and Morrison,2002)[①]。国内外许多学者都对旅游动机的概念进行了定义:Murray 认为,旅游动机是推动人进行旅游活动的内部驱动力[②];Iso-Ahola(1982)[③]指出,旅游动机是旅游者有潜在的未得到满足的需要随之而产生的一系列以达到满意状态为目的的行为;李妍(2006)[④]认为,旅游动机是旅游者进行旅游活动的一种心理要求,是直接推动和指导旅游者进行旅游活动

[①]　Mill R. C.,Morrison A. M. The Tourism System(4th Edition). Dubuque,IA:Kendall/Hunt Publishing Company,2002.

[②]　陈春:《80 后旅游动机与旅游消费关系研究》,浙江大学学位论文,2008 年。

[③]　Iso-Ahola S. E.,Jon R. A. The Dynamics of Leisure Motivation the Effects of Outcome on Leisure Needs. Research Quarterly for Exercise and Sport,1982(2).

[④]　李妍:《旅游者旅游动机的形成途径》,《辽宁行政学院学报》2006 年第 3 期,第 64—65 页。

的内部动因;邹开敏(2008)①认为,旅游动机就是维持和推动旅游者进行活动的内部原因和实质动力。简而言之,旅游动机就是促发一个人有意于旅游并进行旅游活动的内部驱动力,是一种心理活动过程。

2. 旅游动机"推—拉"理论

在旅游动机的研究方面,最为著名的就是 Dann 等(1977)②所提出的旅游动机的"推—拉"理论。其中,推的因素是指内在的不平和或是紧张所引起的促使旅游意愿产生的动机因素或是需求;拉的因素产生于旅游者对其目标属性的认识,它与特征吸引物和目的地的自身属性之间存在联系,对目的地的选择起到影响。杜娟、张红等(2008)③,张颖、马耀峰等(2009)④,郑鹏、马耀峰等(2010)⑤,郑文俊(2012)⑥等学者基于旅游动机的"推—拉"理论,针对不同的旅游目的地或不同类型的旅游者也作了大量的研究。从研究结果来看,旅游动机的推力因素一般认为与旅游者内在需求有关,如身心放松、自我发展、探索学习、促进人际关系、远离日常生活、健康休闲等;而拉力因素则与目的地属性有关,如旅游地历史文化、旅游资源、交通、表演、休闲活动、基础设施等。

3. 休闲度假旅游动机

针对休闲度假旅游动机的研究,国内外学者们也进行了深入的研

---

① 邹开敏:《国内旅游动机的研究新进展》,《经济问题探索》2008 年第 3 期,第 125—127 页。

② Dann G. M. , Anomie S. Egoenhancement and Tourism. Annals of Tourism Research, 1977, 4(4).

③ 杜娟、张红等:《基于"推—拉"理论的西安农家乐旅游者动机实证分析》,《北京第二外国语学院学报》2008 年第 5 期,第 69—74 页。

④ 张颖、马耀峰等:《基于推—拉理论的旅沪入境游客旅游动机研究》,《资源开发与市场》2009 年第 10 期,第 945—947 页。

⑤ 郑鹏、马耀峰等:《基于"推—拉"理论的美国旅游者旅华流动影响因素研究》,《人文地理》2010 年第 5 期,第 112—117 页。

⑥ 郑文俊:《基于推拉理论的柳州市乡村旅游动机实证分析》,《南方农业学报》2012 年第 10 期,第 1606—1610 页。

究,具有代表性的观点如 Crompton(1979)①发表于《旅游研究年刊》上的
《休闲度假动机》一文中,通过对 39 名个体进行动机研究,识别出 7 种休
闲度假旅游动机:避世、自我实现、放松、显现声望、返古、密切家属关系、
增进社会交往。Turnbull 和 Uysal(1995)②对加勒比海海滨度假旅游地
研究发现,游客的旅游动机为历史遗迹/文化、城市飞地、舒适悠闲、海滨
胜地、户外资源、乡野化且价格低廉。韩顺法(2005)③对湖泊度假区研究
显示,游客的旅游动机为游览观光、休闲度假、风情餐饮、水上运动、乡村
度假和观光农业、休闲、疗养、会议等。罗群(2011)④总结出了休闲度假
旅游的动机,包括放松、自我实现、探索学习、时间、从众、享乐、学习几个
方面,并进行了问卷设计和实证研究。

　　综上所述,在旅游动机研究方面,"推—拉"理论是较为经典也是较
为成熟的研究理论,可以较好地分析游客旅游动机产生的推力因素和拉
力因素,以及旅游者的个体特征。本书将以浙江省旅游度假区作为空间
载体,利用该理论对休闲度假游客的旅游动机展开相关研究,将有助于
进一步丰富国内对旅游动机的研究内容。

5.1.2 旅游消费行为理论

1.旅游消费行为与旅游动机

　　旅游消费行为是指在旅游活动中所进行的一系列消费行为,主要包
括吃、住、行、游、购、娱六个方面(于婧,2010)⑤。旅游消费行为与旅游动
机息息相关,国内学者张树夫(2004)⑥提出了"需求—动机—行为"模式,

———————————

　　① Crompton J. L. Motivations for Pleasure Vacations. Annals of Tourism Research,
1979(4):408-424.
　　② Turnbull D. R.,Uysal M. An Exploratory Study of German Visitors to the Caribbe-
an: Push and Pull Motivations. Journal of Travel and Tourism Marketing,1995(2):85-92.
　　③ 韩顺法:《湖泊型旅游度假区的开发研究》,南京师范大学学位论文,2005 年。
　　④ 罗群:《休闲度假旅游者旅游动机与消费行为研究》,杭州电子科技大学学位论文,
2011 年。
　　⑤ 于婧:《大学生旅游消费行为的调查与分析——以北京大学生为例》,《经营管理者》
2010 年第 10 期,第 389—390 页。
　　⑥ 张树夫:《旅游消费行为》,中国林业出版社 2004 年版。

指出旅游需要和动机是旅游消费行为产生的动力。Konu(2010)①研究发现度假旅游动机(motivation)对度假旅游的目的(intention)具有积极的影响。陈春(2008)②构建了80后旅游动机与旅游消费行为关系研究模型。

旅游消费行为还受到旅游者个人因素的影响,而个人因素又受到社会文化和经济因素的影响,从而间接地更深层次地对旅游者的旅游需要产生影响。从旅游动机到旅游消费行为产生的过程中,旅游者会主动地搜寻相关信息,同时也接受来自旅游营销者的信息,供消费决策使用。旅游者的心理活动也会影响外界信息的输入与加工,最终影响到旅游消费行为。最后,旅游消费行为反过来会对旅游者旅游需要的产生和行为决策产生作用,影响着再一次旅游消费行为,旅游消费行为受到内部和外部各种因素的影响。

2.旅游消费行为特征研究

目前关于旅游消费行为特征的研究有很多,吴俊珂、廉小莹(2011)③以河南省高校为例,从旅游经费、闲暇时间、出游态度、旅游地宣传、旅行社的可信度和合适的伙伴等五个方面研究了大学生旅游消费行为特征。研究结果显示,经济能力和充足的时间仍然是大学生首要关注的因素,因此需要有针对性地推出经济型旅游套餐。杜继淑、郑惠(2010)④以重庆工商大学的学生为调查对象,分析了"90后"大学生旅游消费行为特征,结论显示,在旅游目的地偏好方面,大学生比较偏好自然风景区,而历史文化区和都市旅游区则偏好较低;在获得旅游信息渠道方面,主要是通过朋友同学推荐、互联网和媒体宣传等方式获得;在出游方式选择方面,主要以与家人一起或自愿组成的小组为主,其次是个人出游与班

---

① Konu H. TommiLaukkanen, Predictors of Tourists' Wellbeing Holiday Intentions in Finland, Journal of Hospitality and Tourism Management, 2010(17):144-149.

② 陈春:《80后旅游动机与旅游消费行为关系研究》,浙江大学学位论文,2008年。

③ 吴俊珂、廉小莹:《大学生旅游消费行为特征探析——以河南省高校为例》,《经济研究导刊》2011年第31期,第154—157页。

④ 杜继淑、郑惠:《"90后"大学生旅游动机与旅游消费行为分析》,《贵州师范大学学报》2010年第6期,第137—141页。

级、社团等组织出游;旅游费用则主要来源于父母的资助,整体来看旅游消费水平较低,个体消费水平差距较大。王文彬、邹宏霞(2010)①以曲阜为例,从停留时间、就餐方式、住宿方式、区内交通方式、游览景点、旅游商品的选择、娱乐方式的选择和消费水平等方面分析了文化遗产地游客的消费行为特征。梁旺兵、马耀峰(2005)②则从旅游方式、饮食、住宿设施、旅游项目、旅游购物和娱乐项目等方面对上海市入境旅游者的消费行为偏好进行了分析。

综上所述,旅游消费行为特征的研究主要集中于旅游目的地偏好、出游态度、出游时间、出游方式、停留时间、旅游信息渠道和同伴者等,以及在旅游目的地的旅游消费如饮食、住宿设施、旅游项目、旅游购物、娱乐项目等,并验证不同人群的旅游消费行为特征差异,以及不同旅游消费行为和模式对目的地会产生的不同影响。本书将从旅游方式、同行者、对旅游地的了解程度、旅游次数、获取信息的途径、交通方式、停留时间、人均消费、住宿方式以及参与的旅游活动等方面对休闲度假旅游者的消费行为特征进行较为全面的分析。

5.1.3 游客满意度理论

1. 游客满意度的概念

游客满意度是旅游市场竞争条件下由顾客满意度(Customer Satisfaction,CS)发展而来的"以游客为中心"的游客评价理论,所谓顾客满意度是顾客对某一事物的心理感受程度的量化表达。③ 自20世纪80年代开始,国内外许多学者将顾客满意度应用到企业、行业、产业乃至国民经济运行质量水平的管理领域,取得了丰硕的成果。汪侠等(2010)④,屈

① 王文彬、邹宏霞:《文化遗产地游客消费行为特征研究——以曲阜为例》,《东方企业文化》2010年第24期,第135—137页。
② 梁旺兵、马耀峰:《上海市入境外国游客旅游消费行为偏好研究》,《消费经济》2005年第5期,第51—54页。
③ Fornell C., Johnson M. D. The American Customer Satisfaction Index : Nature, Purpose,and Findings. Journal of Marketing,1994(60):7-8.
④ 汪侠、刘泽华、张洪:《游客满意度研究综述与展望》,《北京第二外国语学院学报》2010年第1期,第22—29页。

援、蒋中平（2012）①，靳书芳、王淑华（2010）②，徐克帅、朱海森（2008）③等学者认为，游客满意度旨在通过测评了解和掌握旅游服务水平、旅游吸引力和旅游竞争力，通过游客评价机制的建立来形成竞争力提升和旅游经济发展的内生机制。随着旅游市场竞争的加剧和游客消费观念的转变，游客满意度已经成为旅游业可持续发展的核心和关键。

2. 游客满意度的测评方法

近年来，国内学术界关于游客满意度的研究成果较为丰富，主要侧重于游客满意度的测评及实证研究，基于顾客满意度理论建立起游客满意度的测评模型。有连漪的 TDCSI 模型、董观志的模糊评价模型、谢彦君的交互模型、王群的 TSI 模型等。连漪、汪侠（2004）④根据费耐尔教授的顾客满意度指数理论和旅游业的"吃、住、行、游、购、娱"六大要素特点，构建了旅游地顾客满意度指数的测评模型（Tourism Destination Customer Satisfaction Index，简称 TDCSI）。谢彦君、吴凯（2000）⑤在对旅游期望的定义、影响因素及特点研究的基础上，提出了旅游体验质量的交互模型。王群等（2006）⑥以黄山风景区为例，基于美国顾客满意度指数（ACSI）模型，从环境感知、旅游期望、游览价值、游客满意度、游客忠诚和游客抱怨六大影响模块建立了旅游环境游客满意度指数（TSI）测评模型。彭文英、李俊（2008）⑦借鉴美国顾客满意度指数（ACSI）模型，以

① 屈援、蒋中平：《旅游景区游客满意度理论研究综述》，《旅游经济》2012 年第 11 期，第 74—76 页。

② 靳书芳、王淑华：《近十年我国游客满意度研究述评》，《周口师范学院学报》2010 年第 6 期，第 127—130 页。

③ 徐克帅、朱海森：《国外游客满意度研究进展及启示》，《旅游论坛》2008 年第 1 期，第 138—142 页。

④ 连漪、汪侠：《旅游地顾客满意度测评指标体系研究及应用》，《旅游学刊》2004 年第 5 期，第 9—13 页。

⑤ 谢彦君、吴凯：《期望与感受：旅游体验质量的交互模型》，《旅游科学》2000 年第 2 期，第 1—4 页。

⑥ 王群、丁祖荣、章景河：《旅游环境游客满意度的指数测评模型》，《地理研究》2006 年第 1 期，第 171—181 页。

⑦ 彭文英、李俊：《北京旅游景区游客满意度及其影响因素分析》，《资源开发与市场》2008 年第 6 期，第 564—567 页。

北京的长城、颐和园和天安门—故宫 3 个重点景区游客为对象,运用景区形象、游客预期、感知质量、感知价值、游客满意度、游客忠诚与游客抱怨 7 个结构变量,构建了城市游客满意度测评模型。何琼峰(2011)[①]参照结构方程模型理论分析了旅游形象、游客预期、游客感知质量、游客感知价值、游客满意度和游客忠诚的内在机理和时空特征。

3. 游客满意度测评维度

在游客满意度的测评维度研究上,特别是在各类目的地游客满意度研究中,多重属性方法(Multi-attribute approach)应用较多。该方法将目的地或产品供给要素视作多种属性的集合,先确认各具体属性,并以量表测量属性的游客感知绩效,再探讨它们对满意度的影响程度。如Pizam 和 Neumann(1978)[②]提出海滩、机会、成本、好客度等 8 个方面属性是影响海滨旅游地游客满意度的因素。铃木达宜(2007)[③]提出温泉旅游度假区包括 26 个属性,并以因子分析将其归并为外部环境、内部环境、产品吸引力、产品质量、服务水平和服务便捷性因子,进而以逻辑回归证实了对游客满意度影响最大的是服务便捷性、服务水平和内在环境。由于不同类型旅游目的地和旅游产品影响游客满意度的属性不尽相同,Fuchs 和 Weiermair(2003)[④],Fuiller 等(2006)[⑤],Alegre 和 Garan(2011)[⑥]等学者先后对山岳型目的地、滑雪胜地、滨海目的地等展开了研究。在景区游客满意度测评方面,国内研究较多地借鉴了董观志、杨凤

① 何琼峰:《中国国内游客满意度的内在机理和时空特征》,《旅游学刊》2011 年第 9 期,第 45—52 页。

② Pizam A. , Neumann Y. A Reichel-Dimensions of Tourist Satisfaction with a Destination. Annals of Tourism Research,1978(3):314-322.

③ 铃木达宜:《基于顾客满意度的温泉度假区营销力提升研究——以南宁九曲湾温泉度假村为例》,浙江大学学位论文,2007 年。

④ Fuchs M. , Weiermair K. New Perspectives of Satisfaction Research in Tourism Destinations. Tourism Review,2003(3):6-14.

⑤ Fuiller J,Matzler K,Faullants R. Asymmetric Effects in Customer Satisfaction. Aals of Tourism Research,2006(4):1159-1163.

⑥ Alegre J. , Garau J. The Factor Structure of Tourist Satisfaction at Sun and Destination. Journal of Travel Research,2011(1):78-86.

影(2005)①所构建的测评指标体系。该指标体系主要由旅游景观、餐饮、交通、住宿、娱乐、购物、景区形象、基础设施、管理与服务等内容构成,在具体应用中可以根据观光型、娱乐型、度假型等不同景区类型对评价指标体系中的评价因子权重作出必要的调整,从而更有效地指导不同类型的旅游景区经营管理活动,具有很强的实用性。李瑛(2008)②利用旅游景观、目的地环境气氛、餐饮、旅游商品、住宿、娱乐、交通与通讯、旅游服务与管理等8个评价项目分析了西安各景区国内游客满意度及其影响因子。俞万源等(2013)③以客家文化旅游为研究对象,运用游客满意度理论,从旅游景点、旅游餐饮、旅游住宿、旅游交通、旅游购物、旅游娱乐、服务与管理、旅游环境和客家文化特色等9个方面测评了客家文化旅游区的游客满意度。

综上所述,国内游客满意度的相关研究主要集中于游客满意度含义、影响因素、游客满意度测评方法、测评维度及游客满意度实证研究等方面。在具体的实证研究中,以旅游者在旅游目的地的感受与体验为基础,针对旅游者在旅游目的地接触到的软环境及旅游活动中的六要素获得调查数据,并最终形成旅游者对目的地的实际评价。本书将根据文献考察结果,主要从目的地环境和文化风情、住宿、餐饮、交通、门票、旅游商品质量和价格、各种休闲旅游活动以及旅游服务等方面分析游客的休闲度假旅游满意度。

5.1.4　IPA 重要性—绩效理论

1. IPA 理论

对于满意度的测量,国外学者主要通过构建期望差异模型、服务质量模型(SERVQUAL)、服务绩效模型(SERVPERF)、花费—收获模型

① 董观志、杨凤影:《旅游景区游客满意度测评体系研究》,《旅游学刊》2005 年第 1 期,第 26—29 页。

② 李瑛:《旅游目的地游客满意度及影响因子分析——以西安地区国内市场为例》,《旅游学刊》2008 年第 4 期,第 43—48 页。

③ 俞万源、冯亚芬、梁锦梅:《基于游客满意度的客家文化旅游开发研究》,《地理科学》2013 年第 7 期,第 824—830 页。

（EQUILTY）、标准模型（NORM）、无差异分数模型（NDSERQUL）和重要性—绩效分析（IPA）等方法进行测度研究（夏巧云、王朝辉，2012）[①]。其中，IPA 模型是将消费者的满意度视为产品期待和产品表现的函数，并通过重要性—表现性的比较得到顾客的满意程度。该方法由 Martilla 等学者于 1977 年提出[②]，Moore 等学者以公园为例使用该方法对游客满意度进行了测评[③]。因该方法能客观评价旅游目的地影响游客满意度的因子的重要性（行前期望）与表现性（体验满意度）（蔡彩云等[④]，2011；Evans 和 Chon[⑤]，1989），所以国内诸多学者都将此方法运用于对各个领域游客满意度的评测。李根、段文军（2014）[⑥]确立了桂林旅游目的地形象构成要素的 8 个维度（餐饮、住宿、购物、交通、社会环境、娱乐活动、自然景观、人文景观）和 27 个因子，运用 IPA 模型，通过游客对 27 个因子的期望值和感知值得分，得出桂林旅游目的地形象塑造存在的主要问题。张子昂等（2014）[⑦]有机地融合了旅游资源、旅游者感知、竞争者三要素，从历史、经济、区位等方面得出一套具有 28 个要素的游客感知量表，运用 IPA 方法对南京的旅游地形象进行了定位。刘红萍（2014）[⑧]以山海关老龙头景区为例，从游客感知的角度分析了旅游解说系统的服务功能和教育功能的实现情况、游客对解说内容和解说媒介的偏好以及解说设施现

　　① 　夏巧云、王朝辉：《基于 Fuzzy-IPA 的山岳型景区游客满意度研究——以黄山风景区为例》，安徽师范大学学报（自然科学版）2012 年第 5 期，第 471—476 页。

　　② 　Martilla J.，James J. Importance Performance Analysis. Journal of Marketing，1977（1）：77-79.

　　③ 　Tonge J.，Moore S. A. Importance-Satisfaction Analysis for Marine-park Hinterlands：A Western Australian Case Study. Tourism Management，2007（3）：768-776.

　　④ 　蔡彩云、骆培聪等：《基于 IPA 法的民居类世界遗产地游客满意度评价——以福建永定土楼为例》，《资源科学》2011 年第 7 期，第 1374—1381 页。

　　⑤ 　Evans M R.，Chon K. S. Formulating and Evaluating Tourism Policy Using Importance Analysis. Hospitality Education and Research，1989（13）：203-213.

　　⑥ 　李根、段文军：《基于 IPA 的桂林旅游目的地形象游客感知分析》，《中南林业科技大学学报》（社会科学版）2014 年第 3 期，第 1—5 页。

　　⑦ 　张子昂、黄震方、谈志娟、章露：《基于 IPA 方法的旅游地形象定位分析——以南京市为例》，《南京师大学报》（自然科学版）2014 年第 2 期，第 134—139 页。

　　⑧ 　刘红萍：《基于游客感知的资源保护型景区旅游解说系统的优化研究——以山海关老龙头景区为例》，《佳木斯教育学院学报》2014 年第 4 期，第 455—462 页。

状等,并在此基础上提出景区旅游解说系统的优化措施。刘坤梅、王莹(2014)[①]以世界文化遗产地——罗布林卡为例,基于游客角度,对其旅游解说系统的重要性和绩效值进行研究,阐明了游客对罗布林卡旅游解说系统重要性和绩效表现的差异,并提出了相应建议。

综上所述,运用IPA分析法研究游客满意度的文献不胜枚举,虽然研究对象各有不同,但可以看出IPA分析法从游客感知的角度出发,主要是对游客期望和实际感知进行对比、分析,从而获得游客满意度的具体评价内容,是一种促进旅游目的地更好地管理和运营的有效分析手段。本书将选取浙江省内具有代表性的各类休闲度假旅游地,基于游客实际体验的视角,构建休闲度假旅游地游客满意度评价指标体系,运用IPA分析法展开具体的分析研究。

2.IPA方法

一般而言,IPA方法的实施步骤包括[②]:

(1)确定所要考核的观测变量和考核分值范围。

(2)分别确立各观测变量的重要性(I)及其表现绩效(P)的分值,画出标有刻度的IP图。

(3)分别求出观测变量重要性及其表现各自总的平均数,并且找出以上两个平均数在IP图中的确切交叉点。基于该交叉点画出一个十字架,纵轴代表的是重要性轴(I轴),横轴代表的是绩效轴(P轴),此时IP图的4个象限便清晰地显示出来。

(4)分别将各观测变量根据其重要性和绩效逐一定位在4个象限相应的位置。

(5)对4个象限的观测变量的解释如图5.1所示:第Ⅰ象限为高/高区域,可解释为重点突出,成效显著,相应的对策为继续努力;第Ⅱ象限为高/低区域,可解释为重要性高,但表现差,对策建议为聚焦此处,下一步需重点改进;第Ⅲ象限为低/低区域,可解释为表现不好,但重要性低,

---

① 刘坤梅、王莹:《基于IPA方法的世界文化遗产地旅游解说系统的优化研究——以西藏罗布林卡为例》,《乐山师范学院学报》2014年第8期,第75—79页。

② 谢丽佳、郭英之:《基于IPA评价的会展旅游特征感知实证研究——以上海为例》,《旅游学刊》2010年第3期,第46—54页。

建议列入"低优先"事项;第Ⅳ象限为低/高区域,可解释为重要性不高,但成效显著,相应的建议为不要刻意追求,适宜顺其自然。

图 5-1 IPA 定位分析

资料来源:根据 Baloglu 和 Love(2003)IPA 分析图整理而成。

5.2 实证研究设计

5.2.1 问卷的编制

本次调查问卷的设计是在上述游客休闲度假旅游动机、旅游消费行为和游客满意度文献研究基础上,并结合各度假地对游客的深度访谈意见和预调查结果完成的。为提高测量工具的内容效度,以上测量项目请多位专家进行分析归纳,加以提炼和优化。最后在度假地进行预调查,随机抽取 100 名游客作为预试对象,通过对回收的数据进行信度和效度检验,剔除一些信度与效度不高的题项,同时充分征求被试对度假地游客旅游动机和满意度量表各方面的修改建议,最终形成本研究正式采用的量表。问卷共由四个部分组成:

第一部分是基于推—拉理论的游客旅游动机调查,共 19 项,分为 10 项推力因素和 9 项拉力因素。推力因素分别是"在陌生的旅游环境中尽情展现自我"、"遇见和结识新的朋友,促进人际交往"、"知识和修养提升"、"在节假日找个事做,打发时间避免无聊"、"了解异地风情,文化体验"、"享受安静的氛围"、"体验与平时不一样的生活"、"缓解工作学习压力,身体、心理放松休息"、"和家人朋友一起度过美好时光,增进亲情友谊"和"增加自己的旅游经历"。拉力因素分别为："当地独特资源和旅游产品吸引我"、"旅游地的知名度和美誉度吸引我（慕名而来）"、"被媒体的描述吸引而来"、"看到周围的人都去，所以我也去"、"当地交通便利"、"参观游览历史文物、名胜古迹等景观"、"观看表演、参加娱乐活动""欣赏当地的环境风貌"和"康复疗养健身"。

第二部分是对游客消费行为特征的调查，共 12 题。分别为：旅游方式、出行同伴、对休闲度假旅游目的地的了解程度、到访休闲度假旅游目的地的次数、获取信息的途径、交通方式和行程时间、停留时间和人均消费、旅游消费支出、旅游住宿方式、外出旅游时间选择、参与的休闲活动、最需要增加的休闲度假旅游产品和旅游设施。

第三部分是对游客满意度测评指标的重要性和感知绩效的调查，均为 16 项。16 项游客满意度测评价指标如下："自然风景和人文景观"、"生态环境"、"住宿接待设施"、"餐饮美食"、"地方特产"、"民俗节庆活动"、"夜间娱乐活动"、"运动、休闲体验活动"、"文化表演"、"智能化管理和网络信息化水平"、"交通条件"、"环境卫生"、"居民态度"、"旅游从业人员素质和服务水平"、"景区门票价格合理性"、"住宿餐饮价格合理性"等。

第四部分是旅游者的人口统计学特征调查，共 7 题，分别为游客的性别、年龄、文化程度、职业特征、月收入、月可支配收入和来源地（省外和省内）。

游客的休闲度假旅游动机和满意度测评指标的重要性和感知绩效的测量尺度均采用 Likert 五点评价尺度，由高至低分别赋予 5 分至 1 分。

5.2.2 调查过程

为了更为全面地了解浙江休闲度假旅游市场的发展情况，本次调查共选取了武义、舟山、千岛湖、乌镇、南浔、安吉、德清、杭州、九龙湖旅游度假区等多个不同类型的度假旅游目的地，调研区域在类型上涵盖了温泉、滨海、海岛、湖泊、古镇、乡村、都市和运动型等多个类型的休闲度假旅游目的地。调查时间从 2013 年 5 月到 2014 年 1 月，涵盖了工作日、双休日、黄金周、寒暑期等多个类型的时段。调查人员由旅游管理专业本科三年级和四年级的学生组成，共 24 位学生，分为 8 组完成。调查问卷共发放 1500 份,回收 1347 份,回收率 89.8%;最终用于数据分析的有效问卷 1290 份,有效问卷率 95.8%。

　　本次调查还从两个方面确保了科学合理性:首先,本次调查问卷在设计完成后,邀请了多位旅游管理专业的高校教师以及旅游政府部门的专家进行审阅并提供意见,对问卷中出现的问题重复、语意不明之处进行了修正。其次,问卷在发放前,对调查人员进行了集中培训,目的在于了解问卷的内容,正确地向游客解释问卷的意义并强调调查时机的选择,要求让被调查者在游览活动结束时利用休息时间填写,以最大限度地提高问卷的质量。

5.2.3　样本分析方法

　　回收的调查问卷主要采用 SPSS19.0(社会科学统计软件包)对所得数据进行了统计分析。基于研究目的,本文采取的几种分析方法如表5-1所示。

表 5-1　研究使用的统计方法

统计方法	内容
描述性统计分析	样本人口学特征、旅游消费行为特征
T-test 及 MANOVA	根据样本人口学特征的不同旅游动机、游客满意度之间存在的差异检验
信度分析	各个变量的信度通过 Cronbach's α 信度系数检验
因子分析	各个变量的效度检验,各个变量的降维
回归分析	游客的旅游动机与满意度之间的影响
聚类分析	基于旅游动机的游客聚类分析
IPA 法	基于 IPA 法游客满意度分析

5.3　样本分析

5.3.1　样本人口统计分析

　　游客的个性特征分别由游客的性别、年龄、文化程度、职业、月收入、月可支配收入和来源地（省别和省内）等 7 个方面组成。具体统计数据如表 5-2 所示，并形成如下结论。

表 5-2　样本人口统计特征分析

项目	区分	频度（%）	项目	区分	频度（%）
性别	男 女 合计	432(53.7) 372(46.3) 804(100.0)	职业	中、小学生 大学生 军人 农民 个体户 公务员 公司员工 离退休人员 教师 自由职业者 其他 合计	25(3.2) 89(11.3) 9(1.1) 10(1.3) 99(12.5) 45(5.7) 234(29.7) 95(12.0) 73(9.3) 68(8.6) 42(5.3) 789(100.0)
年龄	20 岁及以下 21～30 岁 31～40 岁 41～50 岁 51～70 岁 70 岁及以上 合计	28(3.5) 320(40.6) 185(23.4) 104(13.2) 126(16.0) 26(3.3) 789(100.0)			
文化程度	高中及以下 大学(专、本) 硕士及以上 合计	176(22.7) 524(67.5) 76(9.8) 776(100.0)			
月收入	1001～3000 元 3001～5000 元 5001～8000 元 8001～10000 元 10000 元以上 合计	93(13.6) 164(24.0) 169(24.8) 150(22.0) 106(15.5) 682(100.0)	省别	省外(长三角除外) 长三角(不含浙江) 浙江 合计	228(30.5) 90(12.0) 431(57.5) 749(100.0)
月可支配收入	500 元以下 501～1000 元 1001～3000 元 3001～5000 元 5001～8000 元 8001～10000 元 10000 元以上 合计	56(7.4) 168(22.2) 287(37.9) 143(18.9) 47(6.2) 29(3.8) 27(3.6) 757(100.0)	省内地区	杭州 宁波 温州 绍兴 嘉兴 舟山 台州 衢州 金华 丽水 湖州 合计	200(41.2) 50(10.3) 41(8.4) 23(4.7) 33(6.8) 23(4.7) 33(6.8) 17(3.5) 30(6.2) 10(2.1) 26(5.3) 486(100.0)

1. 从游客的性别来看，男性占 53.7%，女性占 46.3%，男性比例略高于女性。此次抽样调查的样本中男女比例较为平衡，年龄结构较为合

理,有利于确保研究的科学性。

2. 从游客的年龄来看,21~40 岁的游客人数占 64.0％,41~70 岁的游客人数占 29.2％,其他占 6.8％。可见中青年群体是浙江省休闲度假旅游市场的消费主体。

3. 从游客的职业来看,公司员工所占比例最多,为 29.7％,其后依次为个体户占 12.5％、离退休人员占 12.0％、大学生占 11.3％,其余占 34.5％。从职业种类可以看出休闲度假旅游者的一大特征是具有比较宽裕的闲暇时间。

4. 从游客的文化程度来看,大学(专科和本科)学历的人数占 67.5％。这也反映出游客的文化程度普遍较高。

5. 从游客的来源地来看,省内游客占 57.5％,省外游客占 42.5％,其中长三角地区的游客占 12.0％。省外游客所占比例较高可以反映出浙江省休闲度假旅游市场的知名度较高。

6. 从游客的月收入来看,占比排名依次为 5001~8000 元占 24.8％、3001~5000 元占 24.0％、8001～10000 元占 22.0％、10000 元以上占 15.5％、1001~3000 元占 13.6％。月收入在 3000 元以上的占了绝大部分(86.4％),可见游客的月收入水平普遍较高。

5.3.2　旅游消费行为特征分析

1.旅游方式

浙江省休闲度假旅游者在旅游方式的选择上,占比由高到低分别是自助游占 51.7％、单位组织占 17.0％、旅行社参团 14.5％、旅游网络公司安排占 10.2％、旅行社“自由人”项目占 4.5％(见表 5-3)。从数据分析来看,自助游的游客人数占到一半以上。近几年,自助游的规模有了较大增长,成为主流的旅游方式。自助游的游客可以自行安排旅游时间和旅游内容,旅游方式相对比较灵活。随着人们收入水平的不断提高和旅游经验的日益丰富,自助游俨然成为当下最为流行的旅游方式,也更符合休闲度假旅游的特点。本文的数据分析结果与国内旅游市场这一发展趋势相吻合。

表 5-3　旅游方式

	自助游	旅游网络公司安排	单位组织旅游	旅行社参团旅游	旅行社"自由人"项目	其他	合计
人数(人)	410	81	135	115	36	16	793
占比(%)	51.7	10.2	17.0	14.5	4.5	2.0	100

2.出行同伴

从出行同伴来看,浙江省休闲度假旅游者主要是与同事、朋友同行,这部分占比42.7%,其次是与家人同行,占25.8%,只与伴侣同行的占19.2%,独自1人和其他则分别占8.2%和4.1%(见表5-4)。分析结果说明,大部分的游客喜欢与家人、朋友或同事结伴出行,一起参与消遣娱乐、康体健身、休憩疗养、放松身心等休闲度假活动,或是与同事一起利用参加会议、培训和奖励旅游的机会享受休闲度假的时光。

表 5-4　出行同伴

	与家人同行	只与伴侣同行	与同事朋友同行	独自1人	其他	合计
人数(人)	206	153	340	65	33	797
占比(%)	25.8	19.2	42.7	8.2	4.1	100

3.对休闲度假旅游目的地的了解程度

从对休闲度假旅游目的地的了解程度来看,36.8%的游客对其不太了解,是第一次来旅游;32.4%的游客听说过,或由熟人推荐而来,大部分游客对旅游目的地都不是很了解,首次到访的游客所占比例较大(见表5-5)。由此可见,虽然目前已经形成了庞大的休闲度假旅游需求,还需要通过提升休闲度假旅游地的知名度来促进休闲度假旅游市场的规模化发展。

表 5-5　对休闲度假旅游目的地的了解程度

	以前不知道,第一次来这里	听说过,或熟人推荐过	来之前做过很多信息搜集	很了解,或以前曾经来过	合计
人数(人)	292	257	104	140	793
占比(%)	36.8	32.4	13.1	17.7	100

4.到访休闲度假旅游目的地的次数

从游客到访休闲度假旅游目的地的次数来看,63.8%的游客是第一次到访,这与上文对旅游目的地的了解程度分析结果相吻合;重游游客占比 36.2%,其中第二次到访的游客占 13.3%,重游率随着到访次数的增加依次递减,但六次及以上到访的游客所占的比例为 6.3%,相对有所提升(见表 5-6)。

目前,随着会议旅游需求规模的快速增长,上至政府部门,下至旅游景区,都在积极考虑如何把商务会议客人转化为休闲度假游客。同时,在此次调研过程中,多个旅游度假村的市场部工作人员反映,除了家庭游、蜜月游的散客外,会议旅游团也在一定程度上增加了住房量和相应的消费,因此将休闲度假与会务相结合的会务度假游将成为今后休闲度假旅游市场发展的一大重点。

表 5-6　到访休闲度假旅游目的地的次数

	第一次	第二次	第三次	第四次	第五次	六次及以上	合计
人数(人)	507	106	62	39	31	50	795
占比(%)	63.8	13.3	7.8	4.9	3.9	6.3	100

5.获取信息的途径

由表 5-7 可以看出,朋友介绍是游客获取休闲度假旅游目的地信息最主要的途径,占 43.9%;以下依次是网络传播占 18.8%,电视、广播和杂志等占 16.1%,旅行社推荐占 10.5%,其他和公路广告则各占 7.5%和 3.2%。通过以上数据可以了解到,口碑传播是浙江省休闲度假旅游地获得游客认知和了解的主要方式。口碑传播一般发生在朋友、亲戚、同事、同学等关系较为密切的群体之间,相对于纯粹的广告促销,可信度更高,但是传播速度较慢,受众市场有限。进入"互联网+"时代,旅游的网络宣传和营销应当成为休闲度假旅游目的地的核心和重点。

表 5-7　获取信息的途径

	朋友介绍	电视、广播、杂志等	网络	公路广告	旅行社推荐	其他	合计
人数(人)	343	126	147	25	82	59	782
占比(%)	43.9	16.1	18.8	3.2	10.5	7.5	100

6.交通方式和行程时间

在旅游交通方式的选择上,48.4%和23.6%的游客选择了长途汽车和自驾车出行,飞机、火车、高铁所占的比例相差不多(见表5-8)。这与游客出游方式的分析结果比较吻合。在到达目的地的行程时间上,1小时以内的为9.4%,1~3小时为38.8%,3~4小时为30.1%,4小时以上占21.7%(见表5-9)。这说明浙江省休闲度假旅游地游客大部分是以4小时行程内的中短途客为主。浙江省的休闲度假旅游地在旅游产品设计与基础配套设施中应充分考虑游客的这些出行特点。

表 5-8　交 通 方 式

	飞机	长途汽车	自驾车	火车	高铁	其他	合计
人数(人)	73	385	188	67	55	27	795
占比(%)	9.2	48.4	23.6	8.4	6.9	3.4	100

表 5-9　到达休闲度假旅游目的地的行程时间

	1 小时以内	1~3 小时	3~4 小时	4 小时以上	合计
人数(人)	75	309	240	173	797
占比(%)	9.4	38.8	30.1	21.7	100

7.停留时间和人均消费

在停留时间上,1天内往返的游客占34.3%,停留2天的占33.1%,停留3天的占16.0%,停留4天和5天的占比均为6.7%,停留6天及以上的占3.3%(见表5-10),可见大部分游客在休闲度假旅游地的停留时间为1~2天。在人均消费方面,大部分的游客人均消费在1000元以内,占比53.7%,1000~3000元的占33.7%,3001元以上的占12.5%(见表5-11)。

总体来看,大部分游客的停留时间不长,人均消费也不高,因此如何延长游客的逗留时间、提升消费水平就成为浙江省发展休闲度假旅游市场亟须解决的关键问题。过夜游客的统计已经成为旅游强省评定的新的考核指标,对于旅游目的地的发展至关重要。当前,浙江省旅游业正处于从观光向休闲度假转型的关键时期,必须通过提升产品内涵、增加服务内容、塑造旅游形象等措施,让游客留得住、住得下、玩得好。

表 5-10　旅游地停留时间

	1 天	2 天	3 天	4 天	5 天	6 天及以上	合计
人数(人)	273	263	127	53	53	26	795
占比(%)	34.3	33.1	16.0	6.7	6.7	3.3	100

表 5-11　旅游人均消费

	500 元以内	501~1000 元	1001~2000 元	2001~3000 元	3001~5000 元	5000 元以上	合计
人数(人)	220	202	173	92	57	41	785
占比(%)	28.0	25.7	22.0	11.7	7.3	5.2	100

8.旅游消费支出

在旅游消费支出结构中,51.0%的游客将住宿消费排在第 1 位,21.2%的游客将娱乐消费排在第 1 位,11.1%的游客将门票消费排在第 1 位,9.1%的游客将交通消费排在第 1 位,只有 7.6%的游客将购物消费排在第 1 位。这说明目前休闲度假旅游消费结构中住宿消费占比较大。这种特征比较符合休闲度假游的消费特点,即游客选择在一地住下来进行休闲放松,但是在娱乐和购物等方面的消费还有待进一步提高。

9.旅游住宿方式

选择度假酒店和高星级酒店的游客分别占 48.5%,14.9%的游客选择经济型酒店,24.7%选择客栈民宿,其他住宿方式占比为 11.9%。从比例上看,游客对度假酒店的认可度较高,大部分休闲度假旅游的客人对住宿体验非常重视,24.2%的游客在选择住宿酒店时首先考虑舒适度,20.8%的游客首先考虑环境要素,只有 8.1%的游客会首先考虑价格。这说明目前休闲度假旅游的客人对住宿的价格不太敏感。

10.外出旅游时间选择

在外出休闲度假旅游的时间选择上,选择双休日的占 40.7%,选择春节、国庆、五一等国家法定假日的占 23.5%,选择年休假的占 8.9%,选择寒暑假的占 5.1%,其他时段占 21.8%。这说明双休日和法定假日是人们安排外出休闲度假旅游的主要时间段,同时随着《国民旅游休闲纲要(2013—2020 年)》的推进实施,职工带薪年休假制度将逐步得到落实,必将会带动更多的游客外出休闲度假,旅游的时间也将呈现多元化的态势。

11.参与的休闲活动

在旅游者参与的休闲活动中,不同休闲度假旅游地的游客参与的活动有所不同。例如,在温泉休闲旅游地,游客选择的休闲活动依次为泡温泉、游览风景名胜、SPA 水疗、喝茶聊天、酒店放松、休息和参加户外运动(如徒步、跑步、爬山、骑马等)等。在滨海休闲度假旅游地,游客选择参加的休闲活动主要是游览风景名胜、宗教朝拜、捡拾贝壳、捕捉海鲜、参与特色主题活动、海边漫步、沙滩运动、跑步等以及参与民俗节庆活动等。在乡村休闲度假旅游地,游客选择参加的休闲活动依次为游览风景名胜、徒步运动、蔬果采摘和喝茶聊天等。由此可见,在各类休闲度假旅游地,游览风景名胜仍然是游客主要的休闲活动,而参与户外运动也成为人们喜欢的休闲活动。

12.最需要增加的休闲度假旅游产品和旅游设施

在对休闲度假旅游地旅游产品和设施的相关建设中,不同的目的地游客给予的意见不同。例如,在温泉休闲度假旅游地,有 31.1% 的游客建议增加当地特色餐饮,25.2% 的游客建议增加休闲娱乐场所,22.3% 的游客建议增加购物场所,20.40% 的游客建议增加酒吧街,18.4% 的游客建议增加温泉主题酒店,13.6% 的游客建议增加特色露天温泉,其余建议增加的设施为休闲运动基地、温泉养生会所、手工作坊、自驾车营地、露天温泉公园、绿道骑行、温泉水上游乐项目、专业疗养医生、瘦身中心、疗养院等。而在乡村休闲度假旅游地,游客觉得最应该增加的旅游产品和设施是特色餐饮和购物场所,分别占 34％ 和 28％,休闲娱乐场所以及酒吧街也占了较大的比例,分别为 26％ 和 25％。在古镇休闲度假旅游地,游客希望增加主题客栈、绿道骑行、特色餐饮、手工作坊及慢生活交通工具等。从以上信息可以看出,游客在休闲度假旅游过程中,更多地希望享受当地的特色餐饮、参与休闲娱乐活动以及购买到特色商品。

5.3.3 因子分析

1.休闲度假旅游动机因子分析

为了检验休闲度假游客旅游动机中推拉因子的信度和可行性,根据市场调查数据,本研究对游客旅游动机的 10 个推力指标和 9 个拉力指标分别进行了因子分析和信度分析,结果显示 Cronbach's α 系数分别为 0.924 和 0.913。一般认为,如果总量表的内在信度 α 系数在 0.8 以上,表示量表有较高的信度,本研究的数据具有很好的一致性,且内部结构良好,研究抽样所取得的数据的有效性能够满足研究的要求。

因子分析采用主成分萃取方法(principal component method)提取公因子,并使用方差最大化正交旋转法(varimax rotation)对提取的公因子进行旋转,以使公因子有较满意的解释。在进行分析时设定各个因子的观测变量的因子载荷(factor loading)在 0.4 以上,Eigen value 以 1 为基准。结果显示,旅游动机中推因子的 10 个指标经因子分析后得到 2 个公因子,其累计方差贡献率为 58.294％,即 2 个主成分包含原始数据提供信息总量的 58.294％,同时也表明用成分 1、成分 2 这 2 个主成分体现原 10 个单项指标的信息,准确把握性达到 58.294％。旅游动机中拉因子的 9 个指标经因子分析后得到 1 个公因子,其累计方差贡献率为 58.213％。一般认为,KMO 样本测度越接近于 1,越适合作因子分析,根据分析结果,用于检验因子分析的首要准则条件的 KMO 值分别为 0.854 和 0.874。巴特利特球形检验(Bartlett Test on Sphericity)的 Sig. 统计值的显著性概率是 0.000,小于 0.05,表明数据具有相关性,适宜作因子分析。

旅游动机中推因子所得到的 2 个公因子所包含的 10 个指标除去"和家人朋友一起度过美好时光,增进亲情友谊"和"增加自己的旅游经历"2 个指标(因子载荷在 0.4 以下)后共 8 项,其结果与原有的旅游动机推力因素测量表基本一致。本研究把这 2 个公因子分别命名为"自我发展动机"和"身心放松动机"。旅游动机中拉因子经因子分析后得到的 1 个公因子所包含的 9 个指标除去"欣赏当地的环境风貌"和"康复疗养健身"2个指标(因子载荷在 0.4 以下)后共 7 项,本文把这个公因子命名为"旅游地吸引力"。另外,一般采用 Cronbach 一致性系数 α 值来验证量表信度,如果总量表的内在信度 α 系数大于 0.6,表明量表具备信度;如果系数在0.8 以上,表示量表具有较高的信度。本研究中,旅游动机总量表信度 α 系数值在 0.73~0.88,说明本研究的数据具有较好的一致性,且内部结构良好,研究抽样所取得的数据的有效性满足研究的要求,确保了公因子的信度。休闲度假旅游动机中推力和拉力的因子分析如表 5-12、表5-13所示。

表 5-12　休闲度假旅游动机中推力的因子分析

变量	均值 (标准差)	因子 载荷	公因子	特征值 (Y)	累计方差 贡献率 (%)	Cranach's α
在陌生的旅游环境中尽情展现自我	3.05(1.57)	0.807	自我发展动机	3.615	45.184	0.77
遇见和结识新的朋友,促进人际交往	3.22(1.50)	0.777				
知识和修养提升	3.21(1.52)	0.703				
在节假日找个事做,打发时间避免无聊	3.11(1.57)	0.577				
了解异地风情,文化体验	3.67(1.42)	0.548				
享受安静的氛围	3.81(1.34)	0.821	身心放松动机	1.049	58.294	0.73
体验与平时不一样的生活	3.75(1.36)	0.789				
缓解工作学习压力,身体、心理放松休息	3.83(1.48)	0.678				

表 5-13 休闲度假旅游动机中拉力的因子分析

变量	均值（标准差）	因子载荷	公因子	特征值（Y）	累计方差贡献率（％）	Cranach's α
当地独特资源和旅游产品吸引我	3.34(1.52)	0.809	旅游地吸引力	4.075	58.213	0.88
旅游地的知名度和美誉度吸引我(慕名而来)	3.39(1.54)	0.786				
被媒体的描述吸引而来	2.87(1.56)	0.783				
看到周围的人都去,所以我也去	2.80(1.56)	0.772				
当地交通便利	3.05(1.51)	0.743				
参观游览历史文物、名胜古迹等	3.40(1.57)	0.741				
观看表演、参加娱乐活动	3.20(1.56)	0.701				

2. 游客满意度因子分析

本研究对游客满意度的 16 个指标进行了因子分析。经检测,游客满意度总量表信度 α 系数值为 0.959,保证了研究抽样所取得的数据的有效性满足研究的要求。游客满意度的 16 个指标经因子分析后得到 2 个公因子,其累计方差贡献率为 69.622％,KMO 值为 0.953,巴特利特球形检验(Bartlett Test on Sphericity)的 Sig. 统计值的显著性概率是 0.00,小于 0.05,表明数据具有相关性,适宜做因子分析。游客满意度所得到的 2 个公因子所包含的 16 个指标除去"景区门票价格合理性"指标后共 15 项,本研究把这 2 个公因子分别命名为"旅游资源满意度"和"休闲活动满意度"。另外,Cronbach 一致性系数 α 值分别为 0.941 和 0.942,说明本研究的数据具有非常好的一致性,确保了公因子的信度。分析结果如表 5-14 所示。

表 5-14　旅游满意度因子分析

变量	均值 （标准差）	因子 载荷	公因子	特征值 （Y）	累计方差 贡献率 （%）	Cranach's α
自然风景和人文景观	3.49(1.44)	0.823	旅游资源满意度	9.720	60.749	0.941
生态环境	3.53(1.48)	0.800				
交通条件	3.30(1.52)	0.747				
地方特产	3.31(1.53)	0.727				
餐饮美食	3.17(1.56)	0.704				
智能化管理和网络信息化水平	3.18(1.52)	0.688				
旅游从业人员素质和服务水平	3.22(1.56)	0.683				
住宿餐饮价格合理性	3.20(1.55)	0.669				
住宿接待设施	3.26(1.58)	0.658				
环境卫生	3.42(1.48)	0.633				
居民态度	3.10(1.74)	0.623				
夜间娱乐活动	2.87(1.75)	0.886	休闲活动满意度	1.420	69.622	0.942
文化表演	2.92(1.74)	0.853				
运动、休闲体验活动	3.07(1.68)	0.847				
民俗节庆活动	2.93(1.71)	0.799				

5.3.4　旅游动机对游客满意度因子及总体满意度的回归分析

在对浙江省休闲度假旅游游客的旅游动机进行因子分析的基础上，为了进一步了解游客的旅游动机对游客满意及总体满意度的影响程度,本研究运用多元回归分析法(multiple regression analysis)进行了分析,分析结果如表 5-15 所示。

首先,旅游资源满意度的回归模型当中 F 值为 39.877,F 统计值的显著性概率为 0.000,$R^2 = 0.130$,旅游推动机的自我发展因子和身心放松因子都对旅游资源满意度产生显著影响,其中身心放松因子的影响最大。但旅游拉动机的旅游地吸引力因子对旅游资源满意度没有产生影响。

其次,休闲活动满意度的回归模型当中 F 值为 84.028,F 统计值的显著性概率为 0.000,$R^2=0.239$,旅游动机的推拉因子都对休闲活动满意度产生显著影响,其中旅游地吸引力的影响最大。另外,身心放松因子对休闲活动满意度呈负影响,表明游客的身心放松动机越强,对休闲活动的满意度反而越低。

再次,总体满意度的回归模型当中 F 值为 31.479,F 统计值的显著性概率为 0.000,$R^2=0.105$,旅游推动机的身心放松因子和旅游拉动机的旅游地吸引力都能够对旅游资源满意度产生显著影响。而自我发展因子对总体满意度没有产生影响。

表 5-15　旅游动机对游客满意度因子及总体满意度的影响

因变量	自变量	非标准化系数		标准化系数	t	p	共线性统计值	
		B	标准误差	β			公差限度	VIF
旅游资源满意度	常量	1.203	0.033		0.000	1.000		
	自我发展	0.161	0.046	0.161	3.479	0.010**	0.505	1.980
	身心放松	0.276	0.035	0.276	7.808	0.000***	0.869	1.151
	旅游地吸引力	0.064	0.048	0.064	1.338	0.181	0.469	2.131
$R^2=0.130$, $F=39.877$, $p=0.000$								
休闲活动满意度	常量	−1.333	0.031		0.000	1.000		
	自我发展	0.126	0.043	0.126	2.910	0.004**	0.505	1.980
	身心放松	−0.076	0.033	−0.076	−2.314	−0.021*	0.869	1.151
	旅游地吸引力	0.406	0.045	0.406	9.021	0.000***	0.469	2.131
$R^2=0.239$, $F=84.028$, $p=0.000$								
总体满意度	常量	3.261	0.052		62.643	0.000		
	自我发展	0.060	0.073	0.038	0.815	0.415	0.505	1.980
	身心放松	0.230	0.056	0.147	4.110	0.000***	0.869	1.151
	旅游地吸引力	0.357	0.076	0.229	4.693	0.000***	0.469	2.131
$R^2=0.105$, $F=31.479$, $p=0.000$								

注:* $p<0.05$;** $p<0.01$;*** $p<0.001$。

5.3.5　方差分析

1.性别与旅游动机、游客满意度之间的差异分析

性别与旅游动机、游客满意度之间的方差分析结果如表 5-16 所示。自我发展因子、身心放松因子和旅游地吸引力因子等 3 个因子 p 值均小于 0.05,说明性别与旅游动机之间存在显著性差异。旅游资源满意度和

休闲活动满意度的 p 值均小于 0.05,说明性别与游客满意度之间存在显著性差异。通过进一步观察均值可知,女性相比于男性,在旅游动机和满意度方面表现得更为强烈,可见女性的休闲度假旅游动机和对休闲度假旅游的满意度都较强。此外,在身心放松动机方面没有明显的性别差异,说明大部分游客都希望通过休闲度假旅游使身心得到放松、陶冶生活情趣。反之,游客对休闲活动满意度的评价最低,也说明亟须对休闲活动作进一步的提升。

表 5-16 性别与旅游动机、游客满意度之间的差异分析

区分			均值(标准偏差)	t	p
自我发展	性别	男 女	3.18(1.19) 3.34(0.97)	−2.172	0.006**
身心放松		男 女	3.72(1.20) 3.88(1.02)	−2.141	0.040*
旅游地吸引力		男 女	3.04(1.25) 3.28(1.07)	−2.983	0.003**
旅游资源满意度		男 女	3.22(1.28) 3.36(1.16)	−1.622	0.039*
休闲活动满意度		男 女	2.92(1.61) 3.03(1.45)	−1.039	0.004**

注:* $p < 0.05$;** $p < 0.01$;*** $p < 0.001$。

2. 年龄与旅游动机、游客满意度之间的差异分析

年龄与旅游动机、游客满意度之间的方差分析结果如表 5-17 所示。旅游动机的 3 个因子和游客满意度的 2 个因子的 p 值均小于 0.05,说明年龄与旅游动机、游客满意度之间都存在显著性差异。总体来看,在旅游动机和游客满意度方面,21～40 岁年龄段的游客表现较强,其中 31～40 岁的游客比 21～30 岁的游客在旅游动机方面略强。随着年龄段的增长,旅游动机表现渐弱,对满意度的评价渐低,其中以 70 岁以上的人群均值为最低。另外,在身心放松因子方面,20 岁及以下的游客均值(4.13)最高,表现最为强烈。

表 5-17 年龄与旅游动机、游客满意度之间的差异分析

区分			均值(标准偏差)	F	p
自我发展	年龄	20 岁及以下	3.30(1.05)	9.990	0.00***
		21～30 岁	3.35(0.93)		
		31～40 岁	3.43(0.92)		
		41～50 岁	3.11(1.33)		
		51～70 岁	3.18(1.24)		
		70 岁以上	2.50(1.18)		
身心放松		20 岁及以下	4.13(0.82)	8.710	0.00***
		21～30 岁	3.89(1.00)		
		31～40 岁	3.94(0.94)		
		41～50 岁	3.87(0.99)		
		51～70 岁	3.67(1.26)		
		70 岁以上	2.53(1.55)		
旅游地吸引力		20 岁及以下	3.36(0.80)	6.869	0.00***
		21～30 岁	3.40(0.98)		
		31～40 岁	3.43(0.94)		
		41～50 岁	2.91(1.36)		
		51～70 岁	2.69(1.29)		
		70 岁以上	2.07(1.50)		
旅游资源满意度		20 岁及以下	3.77(0.75)	4.329	0.00***
		21～30 岁	3.52(1.03)		
		31～40 岁	3.37(1.29)		
		41～50 岁	3.27(1.32)		
		51～70 岁	2.92(1.16)		
		70 岁以上	2.33(1.13)		
休闲活动满意度		20 岁及以下	3.25(1.09)	10.497	0.00***
		21～30 岁	3.31(1.29)		
		31～40 岁	3.29(1.41)		
		41～50 岁	2.75(1.72)		
		51～70 岁	2.21(1.56)		
		70 岁以上	1.89(1.87)		

注：* $p<0.05$；** $p<0.01$；*** $p<0.001$。

3. 文化程度与旅游动机、游客满意度之间的差异分析

文化程度与旅游动机、游客满意度之间的方差分析结果如表 5-18 所示。旅游动机的 3 个因子和游客满意度的 2 个因子的 p 值均小于 0.05，说明文化程度与旅游动机、游客满意度之间都存在显著性差异。硕士及

以上学历的游客在旅游动机和满意度方面的均值都较高,反之,高中及以下学历的游客均值都较低。在身心放松因子方面,大学(专、本)学历的游客表现最为强烈。

表 5-18　文化程度与旅游动机、游客满意度之间的差异分析

区分			均值(标准偏差)	F	p
自我发展	文化程度	高中及以下 大学(专、本) 硕士及以上	3.19(1.11) 3.32(1.03) 3.34(0.97)	8.220	0.00***
身心放松		高中及以下 大学(专、本) 硕士及以上	3.55(1.25) 3.98(0.95) 3.55(1.03)	25.808	0.00***
旅游地吸引力		高中及以下 大学(专、本) 硕士及以上	3.05(1.18) 3.23(1.16) 3.28(0.86)	8.917	0.00***
旅游资源满意度		高中及以下 大学(专、本) 硕士及以上	3.03(1.34) 3.42(1.14) 3.45(0.86)	14.035	0.00***
休闲活动满意度		高中及以下 大学(专、本) 硕士及以上	2.65(1.63) 3.10(1.46) 3.53(1.13)	9.142	0.00***

注：$*p<0.05$；$**p<0.01$；$***p<0.001$。

4. 月收入与旅游动机、游客满意度之间的差异分析

月收入与旅游动机、游客满意度之间的方差分析结果如表 5-19 所示。旅游动机的 3 个因子和游客满意度的 2 个因子的 p 值均小于 0.05,说明文化程度与旅游动机和游客满意度之间都存在显著性的差异。总体来看,均值较高的游客分布在 5001~8000 元、8001~10000 元和 10000 元以上这三个类型的月收入水平上,可见高收入比低收入人群在旅游动机和游客满意度方面表现得更为强烈。1000~3001 元的人群的自我发展动机和身心放松动机表现也较强烈。

表 5-19　月收入与旅游动机、游客满意度之间的差异分析

区分			均值(标准偏差)	F	p
自我发展	月收入	1001～3000 元	3.30(1.10)	5.923	0.00***
		3001～5000 元	3.16(1.28)		
		5001～8000 元	3.32(1.06)		
		8001～10000 元	3.26(0.90)		
		10000 元以上	3.30(0.79)		
身心放松		1001～3000 元	3.97(1.08)	4.941	0.00***
		3001～5000 元	3.80(1.26)		
		5001～8000 元	3.87(0.98)		
		8001～10000 元	3.70(1.05)		
		10000 元以上	3.82(0.85)		
旅游地吸引力		1001～3000 元	3.11(1.36)	9.610	0.00***
		3001～5000 元	2.87(1.43)		
		5001～8000 元	3.25(1.13)		
		8001～10000 元	3.24(0.94)		
		10000 元以上	3.42(0.79)		
旅游资源满意度		1001～3000 元	3.21(1.38)	8.913	0.00***
		3001～5000 元	3.23(1.18)		
		5001～8000 元	3.42(0.99)		
		8001～10000 元	3.50(1.03)		
		10000 元以上	3.44(1.14)		
休闲活动满意度		1001～3000 元	2.77(1.72)	12.879	0.00***
		3001～5000 元	2.82(1.51)		
		5001～8000 元	3.03(1.43)		
		8001～10000 元	3.34(1.25)		
		10000 元以上	3.27(1.39)		

注：* $p < 0.05$；** $p < 0.01$；*** $p < 0.001$。

5.3.6　交叉分析

1.休闲度假旅游地类别和旅游方式的交叉分析

对休闲度假旅游地类别和旅游方式交叉分析如表 5-20 所示。$\chi^2 = 31.376$，$p = 0.026$，表明根据旅游地类别的不同游客的旅游方式也存在不同。调查显示，游客大部分采用自助游的方式(51.7%)，其次是单位组织旅游(17.0%)、旅行社参团旅游(14.5%)和旅游网络公司安排

(10.2%)等。

表 5-20　旅游地类别和旅游方式的交叉分析　　　　（单位:人）

项目		旅游地类别							
		温泉	滨海	湖泊	古镇	乡村	都市	运动型	合计
旅游方式	自助游	70 (63.1)	73 (73.0)	32 (66.7)	56 (91.8)	68 (30.4)	93 (46.5)	18 (36.7)	410 (51.7)
	旅游网络公司安排	6 (5.4)	6 (6.0)	3 (6.3)	1 (1.6)	28 (12.5)	35 (17.5)	2 (4.1)	81 (10.2)
	单位组织旅游	19 (17.1)	2 (2.0)	4 (8.3)	1 (1.6)	66 (29.5)	23 (11.5)	20 (40.8)	135 (17.0)
	旅行社参团旅游	6 (5.4)	14 (14.0)	4 (8.3)	3 (4.9)	48 (21.4)	34 (17.0)	6 (12.2)	115 (14.5)
	旅行社"自由人"项目	5 (4.5)	5 (5.0)	4 (8.3)	0 (0.0)	6 (2.7)	15 (7.5)	1 (2.0)	36 (4.5)
	其他	5 (4.5)	0 (0.0)	1 (2.1)	0 (0.0)	8 (3.8)	0 (0.0)	2 (4.1)	16 (2.0)
合计		111 (100)	100 (100)	48 (100)	61 (100)	224 (100)	200 (100)	49 (100)	793 (100.0)

$$\chi^2=31.376, df=18, p=0.026$$

注:括号内数字为所占百分比(%)。

2. 旅游地类别和同行者的交叉分析

对休闲度假旅游地类别和同行者的交叉分析如表 5-21 所示。$\chi^2=142.597, p=0.000$,表明根据休闲度假旅游地类别的不同游客的同行者也存在不同。调查显示,游客大部分与同事、朋友同行(42.7%),其次是与家人同行(25.8%)、再次是只与伴侣同行(19.2%)等。其中湖泊休闲度假旅游地与其他旅游稍有不同,大部分游客是与家人同行(41.7%)的。

表 5-21　休闲度假旅游地类别和同行者的交叉分析　　　　（单位：人）

项目		旅游地类别							
		温泉	滨海	湖泊	古镇	乡村	都市	运动型	合计
同行者	与家人同行	18 (16.2)	36 (36.0)	20 (41.7)	14 (23.0)	70 (30.7)	37 (18.5)	11 (22.4)	206 (25.8)
	只与伴侣同行	28 (25.2)	15 (15.0)	10 (20.8)	19 (31.1)	36 (15.8)	37 (18.5)	8 (16.3)	153 (19.2)
	与同事、朋友同行	60 (54.1)	42 (42.0)	15 (31.3)	21 (34.4)	104 (45.6)	70 (35.0)	28 (57.1)	340 (42.7)
	独自 1 人	4 (3.6)	6 (6.0)	3 (6.3)	7 (11.5)	16 (7.0)	27 (13.5)	2 (4.1)	65 (8.2)
	其他	1 (0.9)	1 (1.0)	0 (0.0)	0 (0.0)	2 (0.9)	29 (14.5)	0 (0.0)	33 (4.1)
合计		111 (100.0)	100 (100.0)	48 (100.0)	61 (100.0)	228 (100.0)	200 (100.0)	49 (100.0)	797 (100.0)

$$\chi^2 = 142.597,\ df = 30,\ p = 0.000$$

注：括号内数字为所占百分比（%）。

3. 休闲度假旅游地类别和停留时间的交叉分析

对休闲度假旅游地类别和停留时间的交叉分析如表 5-22 所示。$\chi^2 = 394.136, p = 0.000$，表明根据旅游地类别的不同游客在旅游地停留的时间也有不同。调查显示，停留时间 1 天的占 34.3%，停留时间 2 天的占 33.1%，可见大部分游客在旅游地的停留时间是 1~2 天（67.4%）。具体来看，温泉、滨海、古镇和运动型休闲度假旅游地的游客大部分停留 2 天；湖泊休闲度假旅游地的游客以停留 3 天时间居多（39.6%）；乡村休闲度假旅游地的游客大部分只停留 1 天的时间（70.8%）；都市休闲度假旅游地的游客的停留时间所占比例比较均衡，大部分游客停留时间是 2~3 天，停留 4~5 天的游客也占有一定的比例。

表 5-22　休闲度假旅游地类别和停留时间的交叉分析　　　（单位：人）

项目		旅游地类别							
		温泉	滨海	湖泊	古镇	乡村	都市	运动型	合计
停留时间	1 天	30 (27.0)	26 (26.0)	5 (10.4)	15 (24.6)	160 (70.8)	22 (11.0)	15 (30.6)	273 (34.3)
	2 天	67 (60.4)	36 (36.0)	16 (33.3)	34 (55.7)	42 (18.6)	45 (22.5)	23 (46.9)	263 (33.1)
	3 天	9 (8.1)	21 (21.0)	19 (39.6)	8 (13.1)	16 (7.1)	45 (22.5)	9 (18.4)	127 (16.0)
	4 天	2 (1.8)	4 (4.0)	2 (4.2)	1 (1.6)	6 (2.7)	37 (18.5)	1 (2.0)	53 (6.7)
	5 天	3 (2.7)	9 (9.0)	5 (10.4)	2 (3.3)	2 (0.9)	31 (15.5)	1 (2.0)	53 (6.7)
	6 天 及以上	0 (0.0)	4 (4.0)	1 (2.1)	1 (1.6)	0 (0.0)	20 (10.0)	0 (0.0)	26 (3.3)
合计		111 (100.0)	100 (100.0)	48 (100.0)	61 (100.0)	226 (100.0)	200 (100.0)	49 (100.0)	795 (100.0)

$$\chi^2 = 394.136, \ df = 36, \ p = 0.000$$

注：括号内数字为所占百分比（%）。

4. 性别和人均消费的交叉分析

对性别和人均消费的交叉分析如表 5-23 所示。$\chi^2 = 26.479$，$p = 0.009$，表明根据性别的不同游客的人均消费也有所不同。调查显示，游客的人均消费绝大部分集中在 3000 元以内（87.5%），其中人均消费在 1000 元以内的游客占了一半（53.8%），人均消费在 5000 元以上的只占 5.2%。男性游客的人均消费比例从高到低依次是 501～1000 元（26.7%）、1001～2000 元（24.6%）、500 元以内（21.2%）、2001～3000 元（13.1%）等；女性游客的人均消费比例从高到低依次是 500 元以内（35.8%）、501～1000 元（24.6%）、1001～2000 元（19.1%）、2001～3000 元（10.1%）等。

表 5-23 性别和人均消费的交叉分析 （单位：人）

项目		人均消费						
		500 元以内	501～1000 元	1001～2000 元	2001～3000 元	3001～5000 元	5000 元以上	合计
性别	男	89 (21.2)	112 (26.7)	103 (24.6)	55 (13.1)	33 (7.9)	27 (6.4)	419 (100.0)
	女	131 (35.8)	90 (24.6)	70 (19.1)	37 (10.1)	24 (6.6)	14 (3.8)	366 (100.0)
合计		220 (28.1)	202 (25.7)	173 (22.0)	92 (11.7)	57 (7.3)	41 (5.2)	785 (100.0)

$$\chi^2 = 26.479, \quad df = 12, \quad p = 0.009$$

注：括号内数字为所占百分比（%）。

5.3.7 聚类分析

1. 基于旅游动机的游客聚类分析

聚类分析是统计学中研究"物以类聚"问题的一种方法。它能够将一批样本数据按它们在性质上的亲疏程度在没有先验知识的情况下自动进行分类，即由类似的对象组成的多个类的分析过程。同一类别的对象有很大的相似性，而不同类别间的对象有很大的相异性。为了了解游客的不同旅游动机类别，本研究对通过因子分析后得到的 3 个旅游动机因子进行了聚类分析。

首先，将上文因子分析后得到的自我发展、身心放松和旅游地吸引力等 3 个旅游动机公因子进行层次聚类法（hierarchical clustering），通过层次聚类法发现划分为 3 个类别的分析结果最为理想。

其次，使用快速聚类法（k-means cluster analysis）最终确定 3 个类别，结果如表 5-24 所示。为进一步了解旅游动机类别间的特征，我们采用方差分析，发现类别间距离差异的概率值均小于 0.001，说明各个类别之间的差异值够大，聚类效果比较好。结果显示，第一类群体的动机相比其他两类群体都要低，故命名为"弱动机群体"，这一类型的人数有 69 人，占调查样本总数的 8.5%；第二类群体的动机处于中间位置，故命名为"普通动机群体"，这一类型的人数最多，有 374 人，占调查样本总数的

46.5%;第三类群体的动机最强,故命名为"强动机群体",这一类型的人数也较多,有 362 人,占调查样本总数的 45.0%。

表 5-24　基于旅游动机的游客聚类分析

旅游动机因子	类 1 弱动机 (N=69)	类 2 普通动机 (N=374)	类 3 强动机 (N=362)	整体样本 (N=805)	F 值	显著性 Sig.
自我发展	0.80	2.94	4.04	3.25	946.057***	0.000
身心放松	1.97	3.45	4.50	3.79	327.979***	0.000
旅游地吸引力	0.80	2.88	3.93	3.15	719.238***	0.000

注:* $p<0.05$;** $p<0.01$;*** $p<0.001$。

再次,为了检验通过聚类分析所得到的 3 个旅游动机的类别的有效性,继续采用判别分析对旅游动机因子和类别进行分析。如表 5-25 所示,在得出别式函数所用的分析样本(N=805)里,由 69 人组成的弱动机群体中的 94.2%,即 65 人得到了正确的分类;由 374 人组成的普通动机群体中的 98.7%,即 369 人得到了正确的分类;由 362 人组成的强动机群体中的 95.6%,即 346 人得到了正确的分类。Hit Ratio 代表正确分类的对象数占总体分析对象的比例,分析结果显示 Hit Ratio 为 96.9%,说明判别式函数的判别力非常好。

表 5-25　旅游动机聚类后的判别分析

区分	函数	特征值	方差的比率	正则相关性	Wilk's λ	χ^2
旅游动机因子	1	4.778	99.7	0.909	0.171	1416.503***
	2	0.014	0.3	0.119	0.986	11.470**
标准化的典型判别式函数系数	旅游动机因子		函数 1		函数 2	
	自我发展		0.592		−0.498	
	身心放松		0.497		0.796	
	旅游地吸引力		0.617		−0.032	
旅游动机类别	预测组成员					
	弱动机群体	普通动机群体		强动机群体	整体	
弱动机群体	65(94.2%)	4(5.8%)		0(0%)	69(100%)	
普通动机群体	0(0%)	369(98.7%)		5(1.3%)	374(100%)	
强动机群体	0(0%)	16(4.4%)		346(95.6%)	362(100%)	

注:* $p<0.05$;** $p<0.01$;*** $p<0.001$。

2. 旅游动机类别与满意度之间的方差分析

为了了解不同的旅游动机类别与满意度之间的差异,本研究采用多变量方差分析。自变量是旅游动机的 3 个类别(弱动机群体、普通动机群体和强动机群体),因变量是游客满意度的 2 个公因子(旅游资源满意度和休闲活动满意度),分析结果如表 5-26 所示。整体来看,不同的休闲度假旅游动机和满意度之间存在显著性差异(Wilk's $\lambda = 0.745$,$F = 63.486$,$p < 0.001$)。2 个游客满意度因子中只有旅游资源满意度的 p 值小于 0.05,说明不同旅游动机类别的游客在旅游资源满意度方面存在显著性差异,在休闲活动满意度方面不存在显著性差异。强动机群体的游客在旅游资源满意度方面表现得最为强烈,其次是普通动机群体的游客,而弱动机群体的游客对旅游资源满意度的评价相当低。

表 5-26 旅游动机类别和满意度之间的方差分析

因变量	旅游动机类别			F 值	p
	弱动机 ($N = 69$)	普通动机 ($N = 374$)	强动机 ($N = 362$)		
旅游资源满意度	1.78(1.25)	3.17(1.00)	3.70(1.18)	7.942	0.000***
休闲活动满意度	0.66(1.26)	2.93(1.30)	3.45(1.40)	1.425	0.241
Wilk's $\lambda = 0.745$, $F = 63.486$, $p < 0.001$					

注:* $p < 0.05$;** $p < 0.01$;*** $p < 0.001$。

5.3.8 重要性—绩效评价

1. 重要性—绩效评价结果

满意水平是产品期待与产品表现之间对比的结果。为了判断游客满意度各观测变量的重要性和绩效均值是否有显著性差异,本研究分别对游客满意度量表进行配对双尾 T 检验(Sig 值 < 0.05 表示两者差异显著),结果如表 5-27 所示。游客认为在休闲度假旅游地旅游体验满意度评价的 16 项测评指标中,重要性的最高值为 4.1,最低值为 3.0,平均值为 3.79,共有 12 项高于平均值,即认为相对比较重要;绩效评价最高值为 3.5,最低值为 2.8,平均值为 3.24,共有 8 项低于平均值,即认为很不

满意,除第 13 项"居民态度"外,所有满意度测评指标的绩效均低于重要性。

表 5-27　重要性—绩效评价结果

指标层	重要性(I)		绩效(P)		t 值	Sig.（双侧）	$P-I$
	均值	标准差	均值	标准差			
1.自然风景和人文景观	4.1	1.61	3.5	1.44	4.88	0.000	-0.6
2.生态环境	4.0	1.67	3.5	1.48	2.78	0.006	-0.5
3.住宿接待设施	3.9	2.18	3.3	1.58	5.51	0.000	-0.6
4.餐饮美食	3.7	1.71	3.2	1.56	5.66	0.000	-0.5
5.地方特产	3.8	2.46	3.3	1.53	2.72	0.007	-0.5
6.民俗节庆活动	3.7	2.26	3.3	1.59	3.60	0.000	-0.4
7.夜间娱乐活动	3.8	1.83	3.2	1.46	3.20	0.001	-0.6
8.运动、休闲体验活动	3.8	1.96	2.8	1.47	7.13	0.000	-1.0
9.文化表演	3.6	1.73	3.3	1.57	3.73	0.000	-0.3
10.智能化管理和网络信息化水平	3.8	1.72	3.2	1.52	4.54	0.000	-0.6
11.交通条件	3.9	1.69	3.3	1.52	4.71	0.000	-0.6
12.环境卫生	3.8	2.23	3.4	1.48	5.42	0.000	-0.4
13.居民态度	3.0	1.90	3.1	1.74	2.69	0.007	0.1
14.旅游从业人员素质和服务水平	4.0	1.74	3.2	1.56	6.10	0.000	-0.8
15.景区门票价格合理性	3.8	1.73	3.0	1.58	10.23	0.000	-0.8
16.住宿餐饮价格合理性	3.9	1.73	3.2	1.55	6.83	0.000	-0.7

2.IPA 象限分析

　　为细分休闲度假旅游市场游客满意度因子的重要性与绩效之间的差异,本研究采用 IPA 象限方格图对游客满意度进行评价。根据 16 个因子的重要性与绩效程度划分出 IPA 象限方格,重要性分值为该指标在游客心中的重要程度,绩效分值为游客体验满意度评价。具体步骤为:以表 5-27 对指标层重要性与绩效的分析结果,根据重要性平均数 3.79

为横坐标,绩效平均数 3.24 为纵坐标,划分出四大象限,即象限Ⅰ、Ⅱ、Ⅲ、Ⅳ,分别代表高重要性—高绩效、高重要性—低绩效、低重要性—低绩效、低重要性—高绩效,如图 5-2 所示。

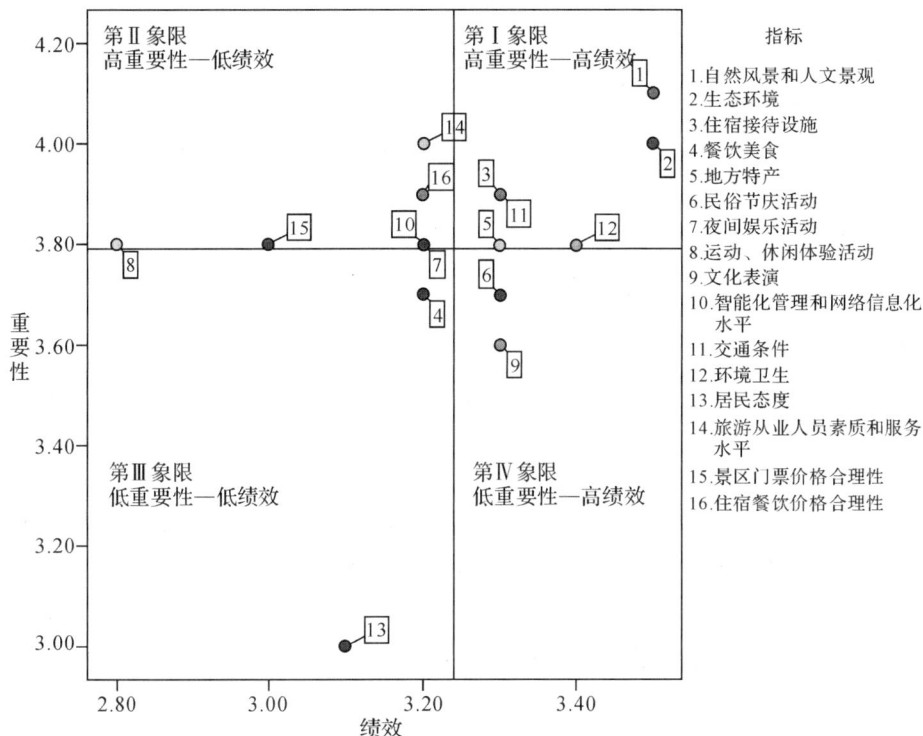

图 5-2　休闲度假游客满意度的 IPA 象限方格分布

在图 5-2 的基础上,进一步对游客满意度的 IPA 象限的四个象限给出详细的阐释,指出不同象限的表现形式、所包含的指标要素和策略重点,具体见表 5-28。

表 5-28　休闲度假游客满意度的 IPA 象限分布

象限	指标要素	策略
象限Ⅰ: 高重要性—高绩效	1.自然风景和人文景观 2.生态环境 3.住宿接待设施 5.地方特产 11.交通条件 12.环境卫生	继续努力

续表

象限	指标要素	策略
象限Ⅱ: 高重要性—低绩效	7. 夜间娱乐活动 8. 运动、休闲体验活动 10. 智能化管理和网络信息服务水平 14. 旅游从业人员素质和服务水平 15. 景区门票价格合理性 16. 住宿餐饮价格合理性	重点改进
象限Ⅲ: 低重要性—低绩效	4. 餐饮美食 13. 居民态度	低优先发展
象限Ⅳ: 低重要性—高绩效	6. 民俗节庆活动 9. 文化表演	不宜刻意追求

5.4 分析结论

任何行为的目的都是为了满足特定的需求,不同的需求会产生不同的动机,不同的动机会引发不同的行为。因此,必须从动机和消费行为特征的角度入手,才能真正理解休闲度假旅游的内涵。本章基于相关理论,主要对浙江省休闲度假旅游者的旅游动机、消费行为特征及其满意度展开了深入的实证研究,形成以下研究结论。

5.4.1 休闲度假旅游动机的构成

本章采用主成分分析法和方差最大旋转法,对提取的因子进行旋转,提取出三类休闲度假旅游动机因子,包括自我发展、身心放松和旅游地吸引力。数据分析结果显示,在休闲度假旅游过程中,身心放松类旅游动机表现最为强烈,其次是自我发展类旅游动机和旅游地吸引力类动机。这一结论与休闲度假旅游的产生目的相吻合,即为了调节和愉悦身心,或者为了自我发展的需要相吻合。同时也验证了当前旅游市场需求已经从传统的开阔眼界、增长见识,向通过旅游获得身心放松和陶冶生活情趣转变的现实情况。因此,对于目前的浙江休闲度假旅游者而言,内在的驱动力需求相比于旅游地目的地的吸引力来说,显得更为重要。

5.4.2　旅游动机对游客满意度的影响

本章研究表明,旅游动机与游客满意度之间存在着紧密联系,回归模型显示游客的旅游动机对游客满意度有着显著影响。在休闲活动满意度方面,三类旅游动机因子都能够产生显著影响,其中旅游地吸引力的影响最大;在旅游资源满意度方面,自我发展动机和身心放松动机具有显著影响,其中身心放松动机的影响最大,而旅游地吸引力动机对旅游资源满意度没有产生影响;在总体满意度方面,产生显著影响的有身心放松动机和旅游地吸引力动机,自我发展动机对总体满意度没有产生影响。

总体来看,对游客满意度影响最大的是身心放松因子,其次是旅游地吸引力和自我发展因子。身心放松因子作为休闲度假旅游者最主要的旅游动机,对游客满意度产生的影响最大,但同时需要通过提升休闲度假旅游目的地的自身吸引力,提高休闲活动的满意度。

5.4.3　人口统计特征与旅游动机、游客满意度的关系

本章通过对游客的人口统计特征与旅游动机的独立样本进行 T 检验和单因素方差分析,发现性别、年龄、文化程度和月收入在旅游动机上存在显著性差异,而职业、月可支配收入和来源地不存在显著性差异。

第一,性别在旅游动机和游客满意度方面都存在显著性差异,而且女性相比于男性表现更为强烈。由此可以看出,休闲度假旅游市场更容易吸引女性游客参与,因此发展女性休闲旅游市场有着巨大的市场空间和潜力。另一方面,男性通常喜欢娱乐、探险、运动类的旅游活动,为了提高男性对休闲度假旅游的满意度,有必要增加新奇性、参与性和刺激性相对较强的休闲旅游产品种类。

第二,21～40岁年龄段游客在旅游动机和游客满意度方面表现最强,是休闲度假旅游市场的主体,也是需要重点关注的人群。但是,其他年龄段游客也有着特殊性。例如,虽然老年人以团队观光游为主要方式,但是也表现为喜欢静、亲、慢的休闲度假游,加之老年人闲暇时间充裕,可自由支配收入增高,老年休闲度假旅游市场今后必然有巨大的发展空间。

第三,学历越高的游客在旅游动机和满意度方面的表现得越强烈。休闲度假旅游以开阔视野、增长知识、恢复身心、发展自我为主要目的,更注重精神享受,是追求美感、愉悦感的精神文化活动。因此,一般来说,高学历人群相较于低学历人群,会产生更为明确的审美需要和自我实现需要,针对这部分现代人群开发休闲度假旅游,具有更为直接的吸引力。

第四,5000元以上的高收入人群相比于低收入人群在旅游动机和游客满意度方面表现得更为强烈,可自由支配收入的水平是影响旅游动机层次和游客满意水平的直接因素。但也存在另一个特殊现象,1000～3001元收入人群在自我发展和身心放松动机方面表现非常强烈,但是游客满意度却不高。这说明这部分人群对休闲度假旅游有着强烈的需求,但是消费能力有限,从而导致度假旅游体验效果不强。

5.4.4　旅游地类别与消费行为特征的关系

本章选取了七类休闲度假旅游地,分别与游客的消费行为特征进行了交叉分析,结果显示,游客的旅游方式、同行者和停留时间与休闲度假旅游地的类别存在显著差异性,其中,大部分休闲度假旅游地的游客都采用了自助游的出游方式,同行者多为朋友、同事和家人,停留时间集中在1～2天内,男性游客的消费比女性游客要高。

5.4.5　不同旅游动机群体与游客满意度的关系

本章通过聚类分析和判别分析划分不同旅游动机的三类群体,并进行了游客满意度的方差分析,结果显示不同旅游动机类别游客在旅游资源满意度方面存在显著性差异,在休闲活动满意度方面不存在显著性差异。具体表现为,旅游动机越强,对休闲度假旅游地资源满意度的评价越高;旅游动机越弱,对休闲度假旅游地资源满意度的评价也越低。因此,在现实开发过程中,有必要通过积极开发休闲度假旅游资源,完善休闲度假旅游功能,塑造休闲度假旅游地的整体吸引力来激发游客的休闲度假旅游动机。

5.4.6　基于 IPA 法的游客满意度状况

基于 IPA 法的游客满意度分析得出:处于第Ⅰ象限的各项要素需要

继续努力。这些要素包括自然风景和人文景观、生态环境、住宿接待设施、地方特产、交通条件，以及环境卫生。这说明当下游客在进行休闲度假旅游时，特别关注住宿设施是否舒适便利和环境卫生，也体现出现代旅游已经往休闲度假方向纵深发展。良好的自然生态环境和浓厚的人文历史景观是休闲度假旅游的本底，而增加交通便利性，能有效提升和刺激自驾游的攀升。最后，地方特产是休闲度假旅游地游客较为青睐的特色商品，当地应积极开发此类产品，既能丰富旅游商品，也是拓宽当地居民就业、增加收入的重要途径。

处于第 II 象限的各项要素需要重点改进，包括夜间娱乐活动、运动、休闲体验活动、智能化管理和网络信息服务水平、旅游从业人员素质和服务水平、景区门票价格合理性，以及住宿餐饮价格合理性。当前，浙江省休闲度假旅游市场才开始发端，游客对价格比较敏感。首先，要改变休闲度假旅游地一味开发高端旅游产品的做法，要使住宿餐饮价格合理化，符合主流消费市场游客的需求。其次，景区门票价格不够人性化也会引起游客的反感，这也是国内景区的通病。因此开发中应跳出"门票经济"的怪圈，通过丰富休闲活动项目，提高休闲旅游产品品质，降低对门票的依赖、增加多元化的消费项目，以此来提高旅游经济效益。另外，提高从业人员的服务水平和素养，能有效提升游客对服务的认可度。最后，随着智能手机的普及和智慧旅游的发展，度假地应努力提高信息化和智能化水平，改善当前落后的信息化水平，便于游客进行智能化信息搜索，也能满足游客各类应用需求，从而进一步提高游客对度假地的满意度和认可度。

处于第 III 象限的要素要低优先发展，包括餐饮美食和居民态度。社区居民友善程度是游客对度假地旅游满意度重要因素，比起其他要素，游客虽然对此期望不是最高，但度假地在发展中也要重视主客关系和谐发展，尊重社区居民，维持淳朴民风，提高当地居民旅游参与度。餐饮美食是比较能够体现当地特色的要素，要基于度假地的特点，积极拓展餐饮美食特色。

处于第 IV 象限的要素不宜刻意追求。包括民俗节庆活动和文化表演。目前游客对此象限的要素期望和绩效感知都较低，可见，比起其他要素，当前游客虽然对此不够重视，但随着休闲度假旅游的不断发展，度假地还是需要以独特的文化与民俗风情为基础,开发各类民俗节庆和文化表演旅游娱乐产品。

5.5 小 结

本章主要进行了浙江省休闲度假旅游发展的实证研究,首先对相关理论进行了综述和阐释,主要包括旅游动机理论、旅游消费行为理论、游客满意度理论和 IPA 重要性—绩效理论。这些理论应用于休闲度假旅游市场的旅游动机和游客满意度的市场调研,是实现理论联系实际目标的重要基础。

基于扎实的理论研究,本章针对浙江各类休闲度假旅游地,开展了广泛的市场调研,并对调研数据进行了样本人口统计分析、旅游消费行为特征分析、旅游动机因子分析、游客满意度因子分析、旅游动机对游客满意度因子及总体满意度的回归分析、方差分析、交叉分析、聚类分析、重要性—绩效评价分析等九个方面的深入研究,为后续的对策研究提供了重要的数据基础。

6 国内外休闲度假旅游地发展典型案例剖析

6.1 国外休闲度假旅游地发展案例

6.1.1 都市休闲度假旅游地案例——巴黎

纽约、伦敦、东京、巴黎是公认的世界四大都市,都市度假旅游的发展使得都市圈的影响力越来越大。巴黎是法国的首都,也是世界性的大都会,以其众多的名胜古迹、各种风格的古典建筑、精彩纷呈的博物馆闻名世界,素有"时尚之都"、"浪漫之都"之盛誉。巴黎是世界第一大旅游城市,是各国游客最向往的休假度假旅游地。那么巴黎是如何做到这一点的呢?

1. 交通便利

巴黎的地理位置优越,旅游发展的交通便利性极强。巴黎位于一个又大又平坦的盆地之上,横跨塞纳河及其支流马尔河,几乎所有到访巴黎的游客都认为巴黎的交通十分便利。巴黎是法国政治、经济、文化活动的中心,也是当代欧洲文明与现代化的活动中心,更是陆运、水运和空运三个交通系统的枢纽。

2. 文化遗产丰富

建筑和文化遗产是巴黎旅游吸引物的重要组成部分。巴黎的城市建筑体现出传统与现代并存、古典与时尚相融的特点。哥特式建筑的代表巴黎圣母院、1204 年始建的卢浮宫、1836 年建成的凯旋门等,都是巴黎城市旅游的经典。许多修复和复原的历史建筑,既保留了其古典的特色,又在时代的发展中融入了时尚的元素。

3. 商业中心

巴黎是法国的首都,也是重要的商业城市,购买奢侈品成为巴黎旅游的一大亮点。巴黎的奢侈品产业在 16 世纪到 17 世纪发展起来,到 19 世纪中期,商业革命和奢侈时尚深入城市骨髓。目前,巴黎的奢侈品商店数量仅次于伦敦,并更多地融入了城市文化元素,形成了自身的商业文化特色。同时,到巴黎购物,不仅仅是购物本身,还能够享受到更多个性化的设计和体验、观看知名设计师的展览,甚至参观设计师工作的环境和过程。"休闲购物"成为巴黎购物产业转变的重要方向。

除上述旅游特色外,巴黎的最大特点就是"文化多元和共享",不同的社会阶层、不同的种族汇集带来了更多的活力因素,使得巴黎的文化丰富多彩,包容性、创新力极强。也正因为此,巴黎的很多旅游景点能够满足不同游客的不同需求,并给人丰富多彩的体验。

近年来,巴黎政府提出"品牌巴黎"建设的目标,旨在重新定义和塑造巴黎的旅游形象,依靠国家财政强有力的支持,巴黎旅游业得到了快速发展。一方面,完善自身旅游制度,建立严密的旅游标准;另一方面,完善传播机制,通过大量的城市广告和媒介宣传将巴黎的旅游资源展示给受众。

6.1.2　海滨休闲度假旅游地案例——英国南港

英国南港的海滨旅游萌芽于 18 世纪,当时是王室和贵族等上层社会"社交季节"的活动中心;在 19 世纪到 20 世纪中叶极度繁荣,是欧洲最负盛名的度假区;但是在 20 世纪 70 年代末左右,由于不能及时跟上旅游市场多变的发展趋势,南港海滨逐渐衰落。在如此严峻的形势下,英国中央政府开始实施大规模的旅游复兴计划,并称之为"3R"计划,即 Regeneration(再生,重建);Revitalisation(旧区更新);Reinvention(发明与革新)。具体的发展措施如下。

1. 目标市场细分

根据不同的顾客类型和需求划分海滨度假区,引入"空间"概念,旅游产品开发从大众市场转向个性化的目标细分市场。根据旅游者的人口统计特征,主要分为大众旅游和高端旅游两个市场营销方向,并根据不同的游客需求,推出阳光、海洋、沙滩和购物的特色产品。同时,还不断推出提升海滨城市形象,建立其文化和历史优势,积极促进社区就业,提供更为方便的信息提供渠道等具体措施。

2. 文化品牌塑造

以文化打造旅游品牌,开展历史建筑保护运动和遗址重建计划,积极发展文化活动和艺术工艺品贸易。实施"艺术嘉年华"项目,推出各种文化艺术展览,以创新的眼光看待海滨遗产遗址,并实现与大众流行文化的有机融合。

3. 产品多样化

对海滨旅游产品进行多样化重组或开发,开发新的旅游吸引物,如商务和会议旅游产品。联合打造区域内的旅游战略联合体,开展共同营销。

4. 旅游开发行动计划

实施政府和私营部门共同协作的旅游开发行动计划,开展深入细致的产品调查、市场机会识别,加强市场需求预测,以适应未来市场需求变化,旨在推进海滨度假地的复苏。

在实施海滨旅游复兴计划后,南港的海滨度假旅游得以复苏。随着21世纪经济全球化、文化多元化、技术高新化、教育普及化、娱乐多样化、环境生态化的发展趋势,如今英国南港的海滨度假旅游在原有的"5S"即观光(sightseeing)、购物(shopping)、休憩(short break)、展览演出

(shows)和苏格兰威士忌(Scotch whisky)基础上,又呈现出新的"5S 理念",即细分化(segmentation)、专门化(specialisation)、综合化(sophistication)、满意度(satisfaction)和吸引度(seduction)。在复苏英国海滨旅游业方面,南港的每一步努力都是不可忽视的。

6.1.3 湖泊休闲度假旅游地案例——英国绿洲湖滨森林度假村

位于英格兰湖区的绿洲湖滨森林度假村,体现了全年运营的假日公园型度假区发展的最新概念。度假村内建有一个充满异国情调的休闲综合体,像是一个巨大的"水上世界",有水池、急流、水磨和造浪机等游乐设施。在度假村的森林中、湖边还建造了旅馆和公寓,为游客提供高质量的单人、双人、三人或四人客房。其他露天游憩设施还包括自然小径、自行车道、游船和人工湖水上运动等。该度假村得以成功的主要经验在于:

(1)度假设施配套完善,保留着当地原始的乡村风光,并提供丰富多彩的水上、水岸活动。

(2)因地制宜、借水造势,针对客源市场需求,开展充满吸引力的娱乐活动。

(3)完整、自然地展示原始风貌,将文化主题贯穿项目和景观始终。

(4)将水景设计、游乐活动与传统文化展示三者结合,并结合特定主题进行元素表现,实现自然与人文的和谐统一。

(5)不盲从潮流,挖掘自身优势,充分发挥自身独特文化的魅力,凸显本国、本地区的民族文化。

(6)由一家公司统一进行旅游开发和运营。

(7)住宿设施强调舒适性和自主性,宣扬从家到家的品牌。

(8)提供尽可能多的活动,如美食、购物、社交和文化,夜间娱乐生活丰富。

6.1.4 海岛休闲度假旅游地案例——韩国济州岛

济州岛本来只是一个由火山喷发形成的巨大椭圆形的火山岛屿,除此之外,并无其他鲜明特征。就是这样一个旅游资源并不丰富的海岛,却被打造成为扬名世界的国际休闲度假旅游岛,每年吸引 600 多万游客。

济州岛的旅游国际化发展得益于韩流的兴起。由于韩国的很多影视剧都选在济州岛拍摄,而济州岛又将这些取景地开发成为旅游产品,从而带动了济州岛的旅游热潮,很多中国游客都是通过韩剧了解到济州岛风情的。与之相辅相成的是,济州岛的旅游部门也一直不断地加强硬件和软件建设,不仅架构了四通八达的公路、海路和国际航空交通网,而且着眼于挖掘和开发观光资源,积极引资建设了"泰迪熊博物馆"等旅游产品,还推出了"101个济州体验观光项目",把济州岛的旅游重点从"看的旅游"转移至"体验旅游",如潜水艇体验游、海女体验游等。与此同时,济州岛在挖掘自身特色产业方面也不遗余力,岛上有很多油菜花农场,春天油菜花盛开时,整个岛屿漫山遍野金黄色,形成特有的旅游景观。除自然景观外,还开发生产了许多绿色衍生商品,如食品、化妆品等。

6.2　国内休闲度假旅游地发展案例

6.2.1　海南岛休闲度假旅游产品特色①

海南岛凭借其海岛资源和区位优势,主要发展国际化的海岛休闲度假旅游。依托我国相对稳定、安全的社会政治环境,契合国际旅游发展的特征和趋势,海南岛正在成为安全、有吸引力、有发展前景的国际滨海旅游目的地之一。

1.十大特色旅游产品

(1)度假旅游产品。重点旅游度假区有亚龙湾、海棠湾、清水湾、莺歌海、博鳌、神州半岛、石梅湾、棋子湾、龙沐湾、海口西海岸、铜鼓岭、南丽湖等。如莺歌海将打造成为集度假、国际会议、运动休闲、购物美食、高档地产、旅游小镇、低碳经济示范、IT产业于一体的国际性、综合性度

---

① 赖志明、李维欢:《海南旅游产业转型升级研究》,《中国商贸》2010年第29期,第180—181页。

假区和示范性旅游城镇。

（2）热带森林旅游产品。以创建国家森林公园为方向，发展科考探奇、观光体验等系列森林旅游产品。建设重点有五指山森林公园、尖峰岭森林公园、吊罗山森林公园、七仙岭森林公园、霸王岭森林公园、百花岭旅游区、木色湖旅游区等。

（3）海洋旅游产品。包括游轮游艇、赛艇、帆船、垂钓、潜水、海底观光、海峡横渡等产品。重点推进西沙旅游，建设油轮母港和游艇基地，打造三亚、西沙潜水基地，引进国内外顶级帆船、帆板等赛事。

（4）高尔夫运动休闲度假旅游产品。利用海边、沙地、坡地、湖边等非耕地建设不同风格的高尔夫球场，开发高尚运动和休闲度假旅游产品，着重引进国内外顶级高尔夫赛事。

（5）康体疗养类产品。包括温泉疗养度假、SPA、中医等产品。重点提升七仙岭、兴隆、蓝洋、南田、观塘旅游温泉品质，引进国外先进水疗产品，推广针灸、推拿、拔火罐等中国传统中医疗法。

（6）国际会展与节庆旅游产品。以博鳌亚洲论坛为龙头，开发国际性论坛、商贸会展和民俗节庆、时尚节庆等产品。重点开展国际旅游论坛，继续主办世界小姐大赛、新丝路模特大赛等选美选秀活动，推广本土欢乐节、海南冼夫人文化节、乡村电影艺术节、黎苗"三月三"、海口换花节等节庆品牌。

（7）民族风情与历史文化体验旅游产品。包括黎苗文化、侨乡文化、红色文化、海洋文化系列。重点推进黎峒大观园、国家南海博物馆、苏东坡博物馆、海口骑楼等历史文化名街的保护性开发。

（8）热带农业与乡村旅游产品。建设一批休闲农业示范点和民族村寨型、特色观光型和城郊度假体验型乡村旅游产品。

（9）主题公园。引进和开发文化性、娱乐性强，特色鲜明的大型主题公园，适度向海口组团、三亚组团两个游客集散地集中，重点规划建设航天主题公园、海洋公园、野生动物主题公园（动物王国）、黎族文化主题公园、大型游乐园、电影公园、世界级室内滑雪场、大型休闲运动基地、海上休闲运动主题公园、海洋文化主题公园等。

（10）自助旅游产品。开展自驾车、自行车及探险体验等自助游项目。重点建设房车、自驾车宿营地示范点，在有条件的地方建立汽车旅馆,开展莽原探险、滑翔跳伞、潜水旅游等活动。

2.六大精品旅游路线

(1)环海南岛热带滨海观光体验游。以海南岛滨海景区、旅游城市、主题海岸、度假区和近海资源为载体,开展自驾车、游艇等多种形式的海滨、滨海观光体验旅游。

(2)海南岛东线海滨度假休闲游。以海南岛东线海滨度假区、滨海旅游城市和各类休闲设施、产品为基础,开展常居型度假、候鸟型度假、分时度假和各种休闲旅游。

(3)海南岛中线民俗风情文化体验游。以中部地区浓郁黎族、苗族、回族等少数民族风情为依托,以典型民族村寨、风情小镇、民族文化博物馆、民族歌舞演出与游艺项目等为载体,开展民族民俗游。

(4)海南岛西线特色休闲体验游。依托西部火山海岸、山水生态、历史文化和民族风情等资源,结合滨海小镇、旅游区和道路交通设施,建设系列西部滨海旅游营地,开展房车、自驾车、自行车游和散客背包客徒步游。

(5)热带雨林科考探险游。以尖峰岭、霸王岭等岛内热带雨林资源为主要依托,发展热带雨林科学考察、热带动植物研究与培育、生态观光体验旅游。

(6)海洋(西沙)探奇休闲游。以西沙群岛为主要目的地,在西沙群岛、相关岛屿和海域开展海岛观光、各类海上休闲活动和潜水等旅游。

6.2.2　辽宁海岛休闲度假旅游产品特色[①]

海岛旅游产品的转型升级,就是海岛旅游产品层次的提升、质量的提高、业态的丰富和科技含量的提高,主要目标是以突出人性化、多元化、特色化、动态化、主体化为宗旨,增强地区旅游业的吸引力、竞争力和带动力。

---

① 丁宁、李悦铮:《辽宁海岛旅游产品转型升级研究》,《海洋开发与管理》2010 年第 5 期,第 85—89 页。

1. 突出海岛旅游产品的自然性

(1)观光游览型旅游产品。以广鹿岛为例,历史文化、遗址遗迹和海岛森林旅游资源丰富,具有历史文化考察、科普教育和观光游览的旅游价值,可以在这种天然优良条件基础上,大力发展观光游览型旅游产品,在原有度假区的基础上,增设新旅游项目,如水族馆、海洋馆、海洋生物标本馆、历史博物馆、森林公园以及有关农业、渔业、科普等方面的旅游产品,使观光游览项目更加生动化、多元化。

(2)健身康体型旅游产品。以长兴岛为例,已开发旅游项目主要有日本高尔夫球场、当代飞行俱乐部、跑马场、风车广场、海滨公园和海洋动物表演馆等。在现有优质旅游产品基础上,还可以增加滑水、冲浪、帆板、牵引伞和沙滩球类、自行车和跑马等体育竞技型旅游产品,将其打造成东北地区最具影响力的健身康体型旅游度假区

(3)猎奇刺激型旅游产品。以本岛南部错鱼石一带为例,对现有产品进行合理调整和转型升级,增强海岛旅游产品的新奇性和挑战性,可以开发狩猎场、潜水猎奇、游艇观光、海钓体验、峭壁观鸥和极限运动等富有探险、刺激意味的旅游产品,将产品进一步转型升级到游客最需要寻求的产品类型。

(4)绿色生态型旅游产品。以獐子岛为例,作为辽宁省闻名的水产养殖基地,海产品类型丰富多样,可在其良好条件基础上,把旅游产品提升到新领域,开发海底婚礼、海底银行、海洋生物博物馆、海珍品育苗体验区和海珍品美食府等独特新颖的旅游产品项目,围绕自然旅游、环保旅游和绿色旅游,打造品牌效应。

2. 提高海岛旅游产品等级性

(1)休闲度假型旅游产品。以长山群岛为例,针对不同类型的度假游客开发各种度假酒店、海景度假别墅、专属岛屿等项目。除此之外,还可以开展海滨度假、野营度假和汽车度假等旅游项目,建设沙滩运动、水上娱乐和海滨休闲等齐全设施,将其打造成辽宁省乃至全国综合性休闲度假旅游中心。

(2)商务会展型旅游产品。重视商务会展型旅游产品的开发和建

设,利用夏季达沃斯论坛这一契机,将会议与海岛旅游巧妙地结合起来,选址建设海上达沃斯项目,打造集高端会议、休闲会议、休闲商务和政务接洽等功能于一体的国际级休闲会议基地,建设与大连"夏季达沃斯"遥相辉映的"海上旅游度假休闲中心"。

(3)高雅时尚型旅游产品。充分利用无人居住海岛,增加可供国际游客享乐的项目,扩展游客层次。例如,长山群岛中的瓜皮岛素以原生态小岛著称,目前岛上依然是"夜不闭户,路不拾遗"。依靠这种良好的天然条件,可在此岛未开发地区构建以顶级高尔夫为中心的复合型高尔夫海岛度假村,可使国内外游客能够在体验大自然风光的同时享受到高雅的体育运动项目。

(4)浪漫婚恋型旅游产品。海岛旅游景区可以推出适合夫妻和情侣休闲度假的特别旅游产品,例如可以开发爱之船、温馨小屋、罗曼蒂克度假村、浪漫之旅主题园、彩虹滩私密度假区和生育度假主题区等,将海岛旅游产品定位在较高的等级水平上,以此来拓宽旅游消费人群的广度。

3. 推进海岛旅游产品多元化

(1)拓宽旅游业态。通过旅游业态转型拓展实现海岛旅游产品转型升级,可以将海岛旅游与渔业旅游、工业旅游结合,例如营口鲅鱼圈的鞍钢入驻,为其海岛旅游转型创造了契机,实现工业旅游与海岛旅游完美结合;长海县渔业生产为旅游经济服务转型,推进以农渔为主的初级产品生产加工转变成以旅游休闲度假为特色服务业,实现旅游业与农渔产业的有机融合。

(2)丰富旅游形态。根据各海岛自身的资源条件,开发建设新奇、具有吸引力的旅游产品项目。例如大连海岛旅游区根据当地条件,推出水族馆、海洋动物表演和海洋主题公园等旅游项目来满足人们认识海洋、了解海洋的需求。哈仙岛通过建设海岛乐园,设立探险世界、海底餐厅、海底旅馆、水上舞台、童话世界和浪漫情人等新颖别致的项目,丰富海岛旅游的形态。

(3)延伸旅游形式。充分利用辽宁省海岛数量较多的优势开展海上巡游和环岛游,建立潜艇观光、空中游览和游艇码头等旅游产品项目,使久居陆地的游客能够充分与海洋接触,实现体验海上激情的梦想。这样不仅可丰富海岛旅游产品,延伸旅游产业链条,也将促进旅游产品转型,向游客展示海岛文化和海岛旅游的独特魅力。

6.2.3 杭州都市休闲度假旅游产品发展案例[①]

杭州是浙江省省会,中国著名的风景旅游城市,中国七大古都之一,中国首批历史文化名城。杭州市下辖5县(市),辖区西南的新安江,支流众多,水流湍急,峡谷、河滩幽静俊秀,晨雾、晚霞轻盈绚丽。千岛湖,1078个大小岛屿,宛若天女散花洒落湖中,倩影秀姿,楚楚动人。富春江,水流平稳,夹岸连山妩媚,江上沙洲葱茏;两江风景如画,千岛满湖诗情,素有"新安之水来天上"和"天下佳山水,自古推富春"的赞誉。此外,钱塘江的浩荡大潮,天目山的苍茫林海,良渚文化遗存的璀璨奇谲,大运河的古韵悠扬……无不令人心驰神往,流连忘返。杭州还拥有西湖和京杭运河杭州段两项世界文化遗产。2006年,杭州被"世界休闲组织"授予"东方休闲之都"称号,2011年,荣膺"全球十大休闲范例城市"。

杭州的旅游业发展较早,已开发出观光、文化、休闲、度假、会展、节事等旅游产品,目前,杭州依托优美的自然生态环境和深厚的文化底蕴而发展的休闲度假旅游产品呈现快速增长的趋势。

1.滨水休闲度假旅游产品

(1)环西湖滨水休闲。以西湖为核心,围绕西湖开发一系列滨水休闲游憩设施,打造充分展现杭州江南个性与怀旧特色的滨水休闲旅游圈。

(2)京杭运河(杭州段)滨水与水上休闲。集中体现杭州江南水乡的个性特征,打造中国最具特色的城市内港和亲水城市广场,为市民及游客最大限度地提供亲水休闲空间。

(3)钱塘江游轮巡游和钱江观潮休闲。豪华观光游船,配以自助餐和主题文化活动。

(4)千岛湖滨水休闲度假。总体形象为"蓝天、碧水、青山、绿地、温泉、乡情",使其成为面向海内外市场的杭州旅游圈内最具湖泊特色的生

---

① 吴必虎、黄潇婷:《休闲度假城市旅游规划》,中国旅游出版社2010年版。

态度假基地。

(5)富春江山水画廊自驾车休闲旅游。以富春江沿线的各主要人文、自然旅游景点为吸引物群,以沿江各主要城镇为不同等级的服务中心地,以规划的沿江风景道公路为交通通道,开发富春江沿线驾车旅游产品。

(6)新安江滨水避暑胜地旅游。主要以新安江水域为依托,开设滨江观光步行街、沿江自行车游与驾车游、沿江漂流、沿江游艇游、赛艇、潜水、滑水、游憩性捕鱼等。滨水度假村的建设以绿色、特色、精致、休闲为理念。

(7)湿地生态休闲。依托于西溪湿地良好的生态环境,在充分保护生态的基础上提高游客的可进入性,丰富对生态环境的可体验性。

(8)温泉休闲度假。目前已开发新安江玉温泉、临安湍口温泉休闲度假产品,以大清谷温泉度假区为主,开发依托温泉资源的高品位休闲度假产品。

(9)水上运动休闲。包括余杭双溪漂流、桐庐天目溪漂流,以及临安柳溪江漂流、千岛湖潜水与水上运动等项目。

2.城市休闲度假产品

(1)商业游憩休闲旅游。以钱江新城、特色商业特区,包括南山路艺术休闲特色街区、信义坊商业步行街、武林路女装街、丝绸一条街以及一些有特色的时尚商业设施为主要场所,以逛街、购物、美食、消费为主要的活动。

(2)娱乐文化康体休闲旅游。以泡吧(茶吧、酒吧、咖啡吧、演艺吧等)、娱乐(影剧院、娱乐中心、KTV 等)、文化(图书馆、展览馆、博物馆)、康体(健身中心、温泉浴、足浴、SPA 水疗等)为主要内容,丰富游客与市民的休闲生活体验。

(3)历史街区休闲旅游。包括中山中路商业一条街、清河坊历史街区、北山路历史文化街区、大井巷药业一条街、吴山路小吃一条街、元宝街和小营巷典型旧城居住街巷、拱宸桥西历史街区等,感受城市历史街区的风貌。

3.乡村休闲度假产品

（1）特色乡村休闲旅游。建设并提升梅家坞、龙坞茶村、新叶村、芹川村、指南村、玲珑山、上西村等具有浓郁地方特色的乡村休闲社区，结合观光、休闲、民艺表演、会议、乡土展览、主题节庆、娱乐、运动、度假、养生、居住等不同功能，共同组成一个符合现代旅游发展趋势的区域性乡村休闲度假板块。

（2）古镇（古村落）旅游。以塘栖古镇、龙门古镇、新叶村、深澳古镇等古镇或古村落为主要吸引物，感受古老沧桑的气息，体验淳朴的民风民俗和深厚的地方文化。

（3）休闲疗养旅游。利用杭州郊区众多的森林公园、度假村、休疗养设施和中医名药，发展森林浴、气功、针灸、推拿、中药、老年保健等康复保健休疗养专项旅游，面向国际市场。

（4）徒步登山旅游产品。依托西部山地，发展适合不同需要和不同体力人群的登山活动。

（5）山居休闲度假旅游。发展山居别墅或旅游景现地产。

4.生活文化休闲（度假）产品

（1）茶文化。以龙井村、梅家坞、茶文化村（龙井山园）与中国茶叶博物馆为吸引物，建成融产茶、制茶、卖茶、品茶休闲为一体的展现中国特色的茶文化景区。

（2）杭派女装。以杭派女装作为旅游吸引物，推出系列服装发布和展销等活动，把杭州打造成中国女装之都，力争成为与纽约、巴黎、东京齐名的国际时装城市。

（3）杭帮美食。开展系列健康饮食理念宣传，以杭帮菜、杭州地方小吃、龙井绿茶、千岛湖有机鱼、天目山山珍等美食为吸引物或附带产品，包装系列健康美食旅游产品。

（4）民俗文化。在各个历史街区开发民俗文化展、民间手工艺展览和传统节庆等产品。

5.夜间休闲度假产品

（1）环西湖晚间娱乐休闲。努力完善曙光路茶艺馆一条街、南山路酒吧一条街的经营管理,建设延安路综合娱乐一条街,形成布局有序的环湖晚间娱乐休闲游憩带。

（2）晚间文化艺术活动。主要有参观博物馆、艺术馆;观看剧院、音乐厅演出;游览文化艺术特色街区;夜间游园活动;欣赏戏曲表演,以及书吧、陶吧休闲等系列活动。

（3）夜市休闲。展示杭州传统江南民俗的清河坊、信义坊、拱宸桥夜市。

（4）乡村晚会。定期举办各种主题的乡村晚会(晚会地点要靠近市区,便于游客往返)。

6.3　小　结

本章选取了国内外具有典型代表性的休闲度假旅游地进行了详细的案例分析,其中国外休闲度假旅游地选取了四种类型,即都市休闲度假旅游地——巴黎,滨海休闲度假旅游地——英国南港,湖泊休闲度假旅游地——英国绿洲湖滨森林度假村,海岛休闲度假旅游地——韩国济州岛,分别就以上四类休闲度假旅游地开发的成功经验和有效措施进行了总结分析。国内的休闲度假旅游地则选取了海岛型的休闲度假旅游代表——海南岛和辽宁海岛旅游,以及都市休闲度假旅游地——杭州,对各自的旅游产品开发特色进行了全面的分析。国内外经典案例的分析能够为浙江省休闲度假旅游市场的发展提供有力的借鉴和参照,对于相似旅游资源或旅游产品的开发也具有实际的指导价值。

7 浙江省休闲度假旅游发展对策

7.1 浙江省休闲度假旅游发展总体思路

7.1.1 休闲度假旅游市场的区域性特征分析

浙江省是我国的旅游大省,拥有杭州、普陀山、莫干山、千岛湖等众多著名的休闲度假旅游地,拥有较为完善的度假旅游产品体系,滨海、温泉、都市、乡村、湖泊、山地等度假旅游产品发展较为平衡,整体度假旅游市场发展平稳。但是,在休闲度假旅游的吸引向性方面,仍然具有明显的区域性特点,即尚不具有较强的国际和全国吸引性。这一区域性特征的产生原因主要有以下几个方面。

1.外在原因

(1)气候条件。气候条件是制约浙江省休闲度假旅游发展的主要因素。浙江省地理坐标南起北纬 27°12′,北到北纬 31°31′,位于北半球中纬度地带,属于暖温带季风气候,四季分明使得开展休闲度假旅游的季节性较为明显。例如,滨海休闲度假旅游只宜在夏季开展,湖泊休闲度假旅游开展的适宜时间为 5 月至 11 月间,而温泉和山地滑雪休闲度假旅游只宜在冬季开展,其他类别的休闲度假旅游产品如古镇休闲度假旅游、乡村休闲度假旅游虽然季节性不太明显,但总体而言,缺乏能够在国际和国内市场上极具特色的全年型休闲度假旅游产品。因此,休闲度假旅游市场的区域性特征在所难免。

(2)国内外休闲度假旅游产品的强竞争力。国际休闲度假旅游者对度假地的选择通常具有较为明显的习惯性和稳定性。例如,美洲人喜欢去加勒比、夏威夷休闲度假旅游,日本人喜欢去南太平洋、东南亚地区休闲度假旅游,而欧洲人则倾向于选择地中海沿岸休闲度假旅游。因此,只有真正具有国际竞争实力的休闲度假旅游地才能够形成相对稳定的客源,诸如印度尼西亚、马尔代夫、泰国等已经成为全球范围内极具影响力的休闲度假旅游目的地。相较于这些老牌的国际性休闲度假旅游目的地,我国的休闲度假旅游发展还存在着非常大的差距,竞争优势尚未形成。

就国内而言,青岛、大连、海南岛是具有绝对资源优势和影响力的滨海休闲度假旅游地;广东、云南等地在温泉休闲度假旅游发展方面较为成熟;东北长白山等地在开展滑雪和山地休闲度假旅游方面优势明显;即使是古镇休闲度假旅游,在整个江浙沪地区也存在着替代性强、重复性高的问题;在都市休闲度假旅游方面,与杭州、宁波同类型的桂林、珠海、苏州等地具有较强的竞争力。可以看出,浙江休闲度假旅游发展面临着非常激烈的市场竞争,想要赶超上述这些成熟的休闲度假旅游目的地,还需要付出很大的努力。

2. 内在原因

根据国际经验,休闲度假地以距离度假游客两小时交通(乘飞机)距离为宜,两小时航空交通圈是其主要的客源市场。在我国,受到旅游条件的限制,就近休闲度假旅游特征更为明显。通过第五章的实证分析可见,目前浙江省休闲度假旅游市场中,省内游客占 57.5%,省外游客占 42.5%,其中长三角地区的游客占 12.0%,人们更加喜欢自驾车或搭乘高铁实现短途的近距离休闲度假旅游。休闲度假旅游对于交通、收入、时间等方面都有着一定的具体要求,休闲度假旅游者也有着特定的旅游动机和旅游行为特点,这些都决定了浙江省目前的休闲度假旅游更多地表现为区域性特征。

7.1.2 休闲度假旅游市场发展的整体思路

基于浙江省休闲度假旅游资源特征、市场区位条件,以及当前休闲度假旅游业发展条件,休闲度假旅游市场的发展近中期应以国内市场为主,特别是省内及长三角地区是重点区域,随着休闲度假旅游产品的丰富和完善,在中远期逐步加大对国际休闲度假旅游市场的拓展力度。

1.国际市场

近年来,浙江省入境旅游市场保持了平稳增长。入境旅游人次由2010年的684.7万人次增加到2014年的931.0万人次,旅游外汇收入由2010年的39.3亿美元增加到2014年的57.5亿美元(见表7-1)。

表 7-1 2010—2014 年浙江省入境旅游人次与收入统计

年份	入境旅游人次(万人次)	同比增长	旅游外汇收入(亿美元)	同比增长
2010	684.7	20.0%	39.3	21.9%
2011	773.7	13.0%	45.4	15.6%
2012	865.9	11.9%	51.5	13.4%
2013	866.3	0.0%	53.9	4.7%
2014	931.0	7.5%	57.5	6.7%

资料来源:浙江旅游统计便览(2014 年)。

2014 年,浙江省入境外国游客按各大洲的分布情况是:亚洲游客290.2万人次,同比增长5.5%;欧洲游客158.1万人次,同比增长6.1%;美洲游客78.8万人次,同比增长1.5%;大洋洲游客23.2万人次,同比增长−0.3%;非洲游客18.8万人次,同比增长7.5%。排名前10位的入境客源国分别为韩国、日本、美国、马来西亚、意大利、德国、新加坡、法国、英国和泰国(见表7-2)。虽然入境旅游人数并不全部是休闲度假旅游客人,但从中也可以看出入境休闲度假旅游的主要市场结构及发展趋势。

表 7-2 2014 年浙江省入境旅游前 10 位客源国及人数

序号	国别	来浙人数(万人次)	序号	国别	来浙人数(万人次)
1	韩国	95.6	6	德国	22.1
2	日本	51.5	7	新加坡	19.5
3	美国	45.1	8	英国	18.6
4	马来西亚	25.7	9	法国	18.4
5	意大利	25.0	10	泰国	13.4

资料来源:浙江旅游统计便览(2014 年)。

根据表 7-2,浙江休闲度假旅游的国际目标客源市场主要集中在两大区域:一是以韩国、日本为主的其他亚洲市场;二是欧美旅游市场,其中,欧洲旅游市场中以法国、意大利为主的旅欧华人归国兴业探亲人数正在逐年增多。以上两个主要的国际客源市场,由于经济发达,游客休闲度假旅游意识强,已经形成规模巨大、稳定而普遍的休闲度假旅游需求。但就浙江而言,这些入境旅游市场基本以商务、观光、探亲旅游为主要目的,休闲度假旅游目的性不强。因此有必要针对这部分游客的休闲度假旅游需求特征,开发出适合他们的休闲度假旅游产品,以此为突破口打开国际休闲度假旅游市场。

2.国内市场

国内市场是浙江省休闲度假旅游发展的首要市场。从对游客来源地统计数据来看,省内和长三角游客占比最多,这也成为浙江省休闲度假旅游发展的基础市场。省内市场距离近,交通便捷,基本上能够保持高铁、长途汽车和自驾车 2～3 小时的交通距离。而以上海为首的长三角地区城市化水平高,居民收入和闲暇时间充足,休闲度假旅游意识强烈,是最重要的旅游客源地。

珠三角和环渤海湾等经济较为发达省份属于浙江省休闲度假旅游发展的二级市场,也是拓展整个国内市场的重要支点。浙江省旅游局统计资料显示,珠三角的广东、京津唐的北京和中部地区的湖南,近几年的游客数量都有显著的增加。一方面,是由于客源区的经济较为发达,与浙江的交通也较为方便;另一方面,与近几年浙江省强化跨省级旅游营销力度,提升旅游形象和知名度密不可分。

从国内旅游市场结构来看,第五章的实证研究结果表明,21～40 岁的游客占 64.0%,可见中青年群体是浙江省休闲度假旅游市场的消费主体,41～70 岁的游客占 29.2%,中老年群体也占有一定的比例。在注重 21～40 岁拥有高学历和高收入的中青年主流群体外,中老年休闲度假旅游市场规模也十分可观。此外,家庭休闲度假旅游市场和女性休闲度假旅游市场都快速增长,反映了当前我国休闲度假旅游业发展的新趋势,是需要重点关注的客源市场群体。

7.2　浙江省休闲度假旅游产品开发的对策

结合第五章的旅游动机实证研究可以看出,浙江休闲度假旅游者最重视的旅游动机是身心放松和自我发展。根据浙江省现有的休闲度假旅游资源和产品基础,以及浙江省休闲度假旅游市场和消费者需求,要积极开发休闲度假旅游资源,不断完善休闲度假旅游功能和休闲度假旅游产品体系。

7.2.1　丰富休闲度假旅游产品层次,进行错位化发展

根据分析,浙江省休闲度假旅游主要客源群体的年龄层次一般为21~40岁,集中于具有高学历和较高收入的城市中产阶级。这部分人群随着收入水平的提高,旅游消费水平也不断提升,并且已经积累了一定的休闲度假旅游经验,对休闲度假旅游产品的广度与深度有着更高的要求,旅游需求也更具个性化,选择更趋多样性,更加重视文化内涵的体验。因此,休闲度假旅游产品的开发在多元化发展的同时,需要更加重视产品文化内涵的挖掘和游客体验环节的设计,以更好地契合目标细分群体的需求特征。

浙江休闲度假旅游产品的开发不仅涉及康体保健、温泉养生、邮轮游艇、高尔夫旅游等一大批高端产品,还应包含都市休闲度假、滨海湖泊休闲度假、山地森林休闲度假、乡村休闲度假等适应大众休闲度假旅游需求的系列产品。形成覆盖面广、指向性强的多层次的旅游产品体系,并依据资源条件,形成产品的错位化发展,逐步建立起包括度假区、度假村、度假酒店、主题公园、邮轮游艇、旅游演艺等在内的休闲度假旅游产业链。

7.2.2　根据休闲度假资源优势,深度开发休闲度假旅游产品

1.滨海休闲度假旅游产品

滨海休闲度假旅游的核心吸引物是阳光、沙滩、海水以及由海滩和

其相连的海域组成的滨海景观。浙江省滨海休闲度假旅游资源主要分布于宁波、舟山、温州、台州等浙东、浙东南地区,目前已建成的专业的滨海旅游度假区有宁波松兰山旅游度假区、平湖九龙山旅游度假区等。浙江省滨海休闲度假旅游产品的深度开发要充分依托海岛、海滩、海岸、海水等滨海资源,实现海面、海岛、天空立体化的空间开发,以国际级滨海休闲度假旅游地的标准完善硬件设施与软件服务,着重增设运动项目、丰富休闲度假活动内容,产品开发的着力点可集中于以下几个方面。

(1)海滨 3S 休闲度假旅游产品。仍将"3S"(sun,sand,sea)资源作为滨海休闲度假旅游开发的核心,在普陀、朱家尖、象山等滨海区域,充分利用大片空间开阔、错落有致、绵延数公里的沙滩开发高等级的海滨浴场,开展观光、日光浴和各项沙滩体育娱乐活动。

(2)运动休闲度假旅游产品。在资源条件具有优势的地区开发海上休闲运动和竞技运动产品,包括潜水、摩托艇、航海、冲浪、滑翔、滑水、皮划艇、滑板、沙滩高尔夫等。可通过组织各类体育赛事,如沙滩排球赛、沙滩足球赛、沙滩高尔夫赛、帆船赛,甚至沙滩自行车赛等,吸引体育爱好者和休闲度假旅游者。

(3)民俗节庆休闲度假旅游产品。充分利用浙江滨海地区丰富的历史文化资源,如象山的渔民文化、普陀的佛教文化等,将文物古迹、民俗风情、人文景观等纳入滨海休闲度假产品体系,赋予其丰富的文化内涵。例如,"象山开渔节"、"朱家尖国际沙雕节"、"舟山海鲜美食节"、"普陀山国际观音文化节"等都是目前较为成功的案例。

(4)娱乐休闲度假旅游产品。注重滨海休闲度假旅游的娱乐项目的创新开发。一方面,可建设以海洋和水为核心的主题公园,配以新鲜刺激的水上游乐项目,让游客在不同季节都能体验水上激情。此外,丰富滨海休闲度假的夜间娱乐生活,配置海滨广场、电影院、剧院、音乐厅、展览馆、酒吧等,延长游客停留时间,丰富游客体验。另一方面,可设置各类游艇码头、俱乐部及垂钓基地,引进国内外较为时尚的娱乐休闲活动。

(5)海洋生态休闲度假旅游产品。开发自然旅游、观鸟旅游和海洋公园等绿色生态型度假旅游产品,为旅游者提供集自然性、教育性、参与性、文化性和适度性于一体的生态度假旅游体验产品。

(6)邮轮游艇休闲度假旅游产品。利用相邻的邮轮母港积极发展邮轮旅游,建造高级别的游艇基地,积极发展高端滨海休闲度假旅游。目前,中国最大的船舶修造基地已落户普陀,而当地政府也将打造"中国东部最大的游艇基地"作为今后的重要发展目标。

(7)康复疗养休闲度假旅游产品。海滨和海岛地区空气清新,森林覆盖率高,负氧离子含量高,良好的生态环境有益于身体健康和心情调适,一些相对偏远的岛屿游客较少,安静舒适,是开展康复疗养、养生养老活动的最佳场所,有着巨大的旅游吸引力。

2.温泉休闲度假旅游产品

温泉休闲度假旅游历史悠久,集度假、休闲、养生于一体。随着休闲旅游时代的到来,温泉休闲度假旅游将始终是休闲度假旅游领域的热点之一。浙江各地的温泉休闲度假旅游资源较为丰富、分布广泛,但是目前的产品开发还处于初级阶段,产品类型较为单一,品质有待提升。今后发展的重点应集中于以下几个方面。

(1)温泉康体疗养休闲度假旅游产品。突显温泉疗养的本质特色,按照温泉水质的理化特点,开发有利于身体健康和疾病恢复的不同类型的温泉休闲度假旅游产品,如养生温泉、美容温泉等。换句话说,就是不同的温泉有其独特的养生效果,或是针对某种常见病症,或是适用于某一特殊体质等,根据这一原理进行产品细分,从而不断拓展温泉产品的广度,并延伸产品开发的深度,以满足不同消费群体的特定需求。

(2)温泉休闲娱乐度假旅游产品。可开发的产品包括温泉水上游乐、温泉水疗等。温泉水上游乐可充分利用水景、石景、少数民族风情,设置室内温泉游泳、梯级温泉洗浴、水上迪吧、水上狂欢舞、曲水欢歌、宽体滑水道、水上休闲棋牌等项目。温泉水疗则主要利用水冲击的不同力度和温度,针对人体的不同部位和穴道进行一定时间的有效按摩,达到消除疲劳、放松身心的目的,可设休闲漂浮、水中有氧运动(如舞蹈)、冷热温泉瀑布冲洗浴、温泉气泡浴、水中健康步道、部分穴道按摩保养泉、旋涡池、冰水池、动力涌泉浴、热水打击按摩池、冲击保养泉等项目。

(3)温泉体验休闲度假旅游产品。在温泉水口处修建温泉博物馆和体验馆,通过图片和典型事例介绍温泉的成因、水质、成分、温度、医疗功效、神话传说、历史名人以及其比较优势,说明该温泉的适合症状和入浴禁忌等。注重温泉感官体验上的展示与设计,通过温泉喷射柱廊、温泉温室等,让游客从视觉、触觉、味觉、嗅觉上体验温泉、感知温泉。

(4)"1＋N"多元化温泉休闲度假产品。充分利用温泉休闲度假旅游地的其他旅游资源,形成多样化的产品组合,如"温泉＋生态"、"温泉＋现代农业"、"温泉＋观光"、"温泉＋运动(滑雪、漂流)"、"温泉＋康复疗养"、"温泉＋温泉旅游度假产品"等。

3.古镇休闲度假旅游产品

浙江的古镇休闲度假旅游产品,具备"小桥、流水、人家"的美好意境,但也存在产品主题重复、类型单一的问题。古镇景观与旅游活动存在着较强的替代性,缺乏亮点与特色,容易导致消费者审美疲劳以及停留时间过短。因此,古镇休闲度假旅游产品的开发要注重特色古镇的开发,对已开发的古镇进行功能的完善和品质的提升。

(1)文化体验型古镇休闲度假旅游产品。此类古镇应注重历史文化要素的挖掘,主要是原始的建筑景观、原真性的人文风貌,通过博物馆、名人故居、生活处所等文化内容向游客展示最传统的民俗文化元素。同时,在文化展示的同时注重增加体验性产品,给予游客足够的时间深入了解和体验当地的文化特色,寻找它的"来龙"与"去脉"。

(2)休闲型古镇休闲度假旅游产品。此类古镇可引入休闲商业属性的餐饮、住宿、娱乐等业态,结合古镇环境的"壳",融合文化创意产品、农产品、收藏品、艺术品等购物消费,营造独特的文化休闲消费氛围,既满足游客现代物质消费的需求,同时兼顾对环境氛围的精神消费需求。这类开发模式下的古镇受到当前游客的欢迎和追捧,往往成为区域重要的休闲度假旅游目的地。

(3)生活体验型古镇休闲度假旅游产品。此类古镇应格外关注文化与旅游的有机融合、协调发展,既重视文化旅游的发展,以此作为古镇可持续发展的重要产业载体;同时对引入古镇的新业态、新要素、新产品和新人口进行筛选,控制在古镇的空间承载力和精神承受力范围之内,以促进当地文化的传承与发展。

4.湖泊休闲度假旅游产品

浙江省湖泊休闲度假旅游资源较多、质量较高,碧水青山、绿色清净形成了湖泊度假旅游的独特魅力。目前,已有千岛湖、东钱湖、湘湖、鉴湖等以湖泊为依托的众多旅游度假区,开发状况良好。未来湖泊度假旅游的深度开发要重视湖上休闲、滨湖度假与环湖旅游、乡村旅游之间的整合,大力发展湖面水上运动、滨湖休闲度假、环湖生态旅游,把湖泊旅游度假区打造成为国内尤其是本地区最具景观特色、自然生态和低碳环保的休闲旅游与度假胜地。

(1)湖泊观光型休闲度假旅游产品。充分挖掘并彰显湖泊资源的景观特色与优势,通过湖泊观光聚集人气,引导传统的观光型游客升级为休闲度假型游客,增加湖泊景观的重游率。

(2)娱乐参与型休闲度假旅游产品。湖泊休闲度假旅游地可以规划建设环湖步行道、自行车专用道、山顶公园游步道、拓展训练基地、汽车营地等游憩休闲项目,也可适度发展一些夜游项目,为湖泊休闲度假旅游注入更多的人文"动感"元素。同时,大力发展滨湖亲水型休闲养生项目,结合滨湖度假设施的建设,重点开发游艇会所、高尔夫运动会所、SPA休闲会所、健康养生会所等高品质的度假产品。

5.都市休闲度假旅游产品

都市休闲度假旅游产品的深度开发应树立新的旅游资源观,将公共服务类设施(交通、都市街道等)、文体场所(学校、体育场馆、博物馆等)等社会资源都纳入旅游资源的范畴中,注重将都市社会资源转化为休闲度假旅游产品。尽管目前的城市建设面貌大同小异,但是在发展都市休闲度假旅游的时候,应因地制宜地挖掘城市本质内涵和文化特色,选择适合自身的休闲度假旅游产品。

(1)文化休闲度假旅游产品。利用城市的博物馆、展览馆、科技馆、古建筑(如文庙、城隍庙)、名人故居、历史旧址、文化广场、特色建筑、街头雕塑、城市老街、中华老字号餐饮店等载体,重点开发文化体验型的都市休闲度假旅游产品。

(2)主题公园度假旅游产品。主题公园是根据一个特定的主题,采用现代科学技术和多层次空间活动设置的方式,集诸多娱乐活动、休闲要素和服务接待设施于一体的现代旅游目的地。主题公园以其特定的文化定位、优越的地理位置(很多位于都市)、有特色的旅游项目、丰富多彩的活动吸引了消费者,是都市休闲度假旅游中一个重要的休闲品牌。

(3)城市风貌休闲度假旅游产品。都市就像一幅色彩绚丽、内容丰富的画卷,不仅是一座城市形象的反映,也是一座城市精神面貌的体现。对城市风貌的挖掘与开发主要可通过历史性城市公园、城市文化广场等进行。除此之外,还可以通过在街头、公园、广场和建筑的外墙增添雕塑和绘画,营造城市的文化艺术氛围。

(4)社区休闲度假旅游产品。社区是真实反映一个城市生活面貌的载体,通过社区旅游,能够深入到城市的各个角落,充分地了解到城市的精神面貌、社区文化、生活习俗和生活环境等,以此形成对一个城市社会文化特色的真实感受。因此,游览城市的大街小巷,体验社区的生活环境,感受当地居民的生活气息,可以让人们了解到一个城市特有的整体形象、精神风貌和文化底蕴。

6.山地休闲度假旅游产品

山地休闲度假旅游产品的深度开发必须把握休闲度假旅游者回归自然、返璞归真的心理需求,营造宁谧、幽深、恬静、生态的度假环境。浙江的山地休闲度假旅游资源极为丰富,适合于开展各类山地休闲度假旅游活动,并形成适宜于不同人群的丰富的产品体系。

(1)山地观赏型休闲度假旅游产品。浙江省的山地拥有最为丰富的景观类型和观光资源,高山峡谷、平湖深涧、宗教庙观、历史遗址遗迹、珍稀动植物、地质地层构造等丰富多彩的观光资源均可以成为山地休闲度假旅游重要的吸引物。

(2)山地养生休闲度假旅游产品。浙江省山地有着优良的原生型生态环境,森林环境中高浓度的负氧离子含量、适宜养生的气候条件、风景优美的自然山水等各种类型的疗养度假资源都可以开发利用,适宜开发具有山林养身养心、山间温泉、山间文化养生、山间瑜伽、康体疗养、休闲度假等多种功能的休闲疗养度假旅游产品。

(3)山地户外运动休闲度假旅游产品。浙江省类型多样的山地适合开发各种传统和时尚型的户外运动项目,包括攀岩、溯溪、山地自行车、滑草、山地越野、丛林探险、野外生存、户外拓展等。

(4)山地宗教文化休闲度假旅游产品。浙江省名山大川与佛教和道教融为一体,佛教的禅寺和道教的洞天福地构成了丰富的宗教旅游文化。利用宗教信仰的吸引力和原生态的山地自然环境,可开发宗教朝拜旅游产品、宗教修行产品、宗教文化解读旅游产品。

(5)山地滑雪休闲度假旅游产品。滑雪休闲度假旅游是欧美山地度假旅游的主要形式。尽管江南地区的滑雪活动会受到气候、积雪以及地形等地理条件的较大影响,但是依靠现代造雪技术仍然可以克服自然积雪不足等问题,建成滑雪场。目前,浙江的大明山等地已经发展了一批滑雪休闲度假旅游产品,通过基础设施和服务设施的完备,浙江的山地滑雪将形成独有的旅游特色。

(6)山地体验式休闲度假旅游产品。山地种植有果树、蔬菜、药材、茶叶等,游客可以体验采摘的乐趣,并在当地农家体验当地风土人情和山地生活。游客也可参与当地的文化节庆活动,体验山地的民俗文化、宗教文化、乡村文化等。

7. 乡村休闲度假旅游产品

(1)农家乐休闲度假旅游产品。农家乐以"吃农家饭、品农家菜、住农家院、干农家活、娱农家乐、购农家品"为特色。城市居民对宁静、清新、舒适环境的渴求和回归大自然的愿望使农家乐旅游得以快速发展。近年来,农家乐产品也在逐步由粗放型转向精致化,不仅要求在硬件服务设施方面提升水平、营造主题,更要在游憩活动内容、农家体验项目等方面进行丰富。此外,浙江的农家乐还可以依托山地、湖泊等大型的旅游风景区实现规模化和集聚化发展。

(2)主题文化村落休闲度假旅游产品。主题文化村落是在古村落的基础上改造而成,主要开发一系列的复古怀旧产品。此类度假地的住宿环境均为古所整修,或是以古建筑的式样为设计蓝图,搭配以古董家具或是展示古老的农具,以及古朴陈旧的家具。内部装修主要通过书法、绘画、雕塑、古董等艺术表现形式,使客人在休闲之余感受丰富的文化底蕴和深厚的历史沧桑感。

(3)农庄生态休闲度假旅游产品。现代休闲农庄依托乡村自然景观和人文景观而建设,是具有观光、休闲、度假功能的乡村游憩景观综合体;以乡村自然景观、乡村农事生产、乡村风俗民情为主体,是乡村景观、地方性特色景观的展示空间。休闲农庄的深度开发应主要强调旅游的参与性与体验性,设计一些游客可以参与的简单农活,如养殖、耕作、浇灌、采花、摘果、种菜等,让游客充分享受质朴悠然的田园生活。

7.2.3 实现长线和短线休闲度假旅游产品的结合

根据上文的调研可知,浙江省休闲度假旅游者的出游时间首先是周末,比例高达 40.7%;其次是春节、元旦、五一、国庆等法定假期,比例为 23.5%;再次是年休假,比例为 8.9%;之后是寒暑假,占 5.1%;其他时间段占 21.8%。由此可见,法定休息日、节假日和年休假是主要的休闲度假旅游时间,考虑到我国的带薪休假制度尚不完善,因此,目前的休闲度假旅游多选择周末和节假日进行,时间以 2~3 天为主,这也为规模较小、产品和项目不够丰富的短线休闲度假旅游地提供了生存的空间。

但是,可以预见,随着我国带薪休假制度的不断健全和普及,可用于休闲度假旅游的时间会越来越多,单次度假时间也会不断延长,这将会推动长线休闲度假旅游市场的发展。与此同时,自由职业者、教师和学生等群体都拥有长线休闲度假旅游的时间和可能,因而需要有规模大、设施全的长线休闲度假旅游产品与之相适应。

就当前的休闲度假旅游市场而言,在有限差异和较为熟悉而舒适的环境下,短线休闲度假旅游频率增加,是人们对于日常生活的重要补充,而长线休闲度假则是在保证舒适的前提下,追求完全异于日常生活状态的一种新的形式。根据休闲度假游客的这一需求特点,在休闲度假旅游产品设计中,必须采取长线与短线相结合的办法。长线休闲度假旅游产品相比于短线休闲度假旅游产品,更加强调其产品和度假地与游客日常生活的差异性,气候、地理环境、文化等方面的差异性越大,越能够吸引游客的注意。

目前浙江省内的短线休闲度假旅游产品较为丰富,如古镇度假旅游产品、乡村度假旅游产品等,但具有较大差异性和全面综合性的长线休闲度假旅游产品相对缺乏,需要重点建设少量规模大、综合性高、消费档次高的长线休闲度假产品。

7.2.4 形成休闲度假旅游产品与其他旅游产品的有机组合

受到地区经济发展水平、旅游消费层次以及浙江省旅游业发展现状的制约,目前尚不能过分地依赖休闲度假旅游,而是要做到休闲度假旅游和其他旅游产品的有机组合和协调发展,来实现整体休闲旅游业的健康发展。

1. "观光＋度假"模式

首先,休闲度假旅游产品的开发要借助观光产品。观光旅游资源是休闲度假旅游的基础,一地要发展休闲度假旅游必须具备一定的观光旅游基础,并能积极合理地加以利用。浙江省在开发休闲度假旅游产品过程中,要充分利用好在国内外已有影响的观光旅游产品,促进观光旅游者向休闲度假旅游者的升级。而且,休闲度假旅游地的发展也必须与周边的观光景区(点)之间建立紧密的联系,实现便捷的交通,在休闲度假旅游产品开发中要包括一定的观光游览内容。

其次,要注重休闲度假旅游和观光旅游产品二者并重。观光旅游产品是浙江省的优势产品,目前在整个产品谱中仍然占据首要位置,而且在未来相当长的一段时间内其主导地位不会改变。因此,在浙江省旅游业发展的近中期要把二者放到同等重要的位置,不可顾此失彼。

2. "会议＋度假"模式

该模式的发展,一方面可以减缓浙江省由于气候季节性和客源假期季节性所带来的经营季节性影响;另一方面由于会议旅游的消费高、市场潜力大,能够为休闲度假旅游地带来稳定的经济收益。因此,在休闲度假旅游地的开发中要配置一定数量和规模的会议设施,并在产品设计和活动组织上充分考虑和满足会议度假者的特殊需求。

7.2.5 实现多种休闲度假旅游产品开发模式的共存

1. 地中海俱乐部度假村模式

地中海俱乐部(Club Med)是法语 Club Mediterrane 的缩略形式,它力求以不同类别和等级的休闲度假旅游住宿设施满足不同细分市场需求。度假村旨在建立一种人与大自然合而为一的生活品位,努力以不同的主题活动串联起独特的生活方式,构成游客休闲度假旅游期间的美好经历。此种模式的度假村需要具备丰富的服务设施,包括风格各异的餐厅、酒吧、商店、剧场、工艺品店、游戏机房、各种体育活动、健身场所,以及保健医疗服务和设施,并配备高素质专业的服务人员,提供全方位细致的旅游服务,需要能够满足每一位度假者的消遣、娱乐和休憩的需求。例如国内的红树林度假村。

2.综合型旅游度假区

综合型旅游度假区是目前世界度假旅游开发的主流,是专门为休闲度假旅游者服务的、有规划的开发区。目前,浙江省已经拥有之江国家旅游度假区等4个国家级和46个省级旅游度假区,但是这些国家级和省级的旅游度假区仍处于发展建设的初期,省级旅游度假区多由4A级、5A级景区发展而来,或是简单地将特定区域内的多个景区整合在一起而形成。因此旅游度假区的规划设计还较为粗放,未能真正符合当今休闲度假旅游者的需求。作为综合性旅游度假区,其开发模式的特点应当体现为:地域规模较大,通过整合一定区域内的旅游资源,形成空间布局合理、产品功能互补的度假型旅游目的地,区内各景区(点)之间联系紧密、相辅相成,能够形成有特色的旅游线路,并共同突显度假区内的核心资源特色,共同提升旅游度假区的旅游吸引力。

3.度假单元

除了重点发展独立休闲度假村和综合型旅游度假区外,浙江省还应有补充、有选择地发展一些散布在各地的度假单元,包括度假酒店群、汽车度假营地等,从而更好地充实和丰富浙江省度假产品体系,更好地满足不同地区、不同层次度假者的旅游需求。

7.2.6   休闲度假旅游产品以中低档为主,兼顾高档

在欧美发达国家,休闲度假旅游作为一种较高层次的精神需要,有中高档的消费水平支撑其发展,在环境质量、接待服务等方面得到优质保证,使游客获得较高的需求满足。但考虑到我国是发展中国家,虽然大众旅游发展迅猛,但是整体旅游消费层次和水平偏低,休闲度假旅游尚处于发展初期。因此,浙江省休闲度假旅游产品开发不能一味地追求

"高大上"和国际化,必须同时兼顾各个消费层次度假者的需求,才能获得长久发展的生命力。

结合目前我国休闲度假旅游发展的现实情况,一方面,许多高投入、高档豪华的休闲度假村,由于忽视了大众化休闲度假旅游市场,出现了接待设施闲置的现象;而另一方面,旅游者又抱怨没有合适的休闲度假旅游地可供选择。近些年,我国出现了大规模的中低档消费旅游群体,其中家庭旅游、老年旅游等群体的消费多属于中档水平,学生旅游通常属于低档消费水平。从浙江省休闲度假旅游地人均消费统计来看,大部分的游客人均消费在 1000 元以内,1000～3000 元的占 33.7%,3001 元以上的占 12.5%,总体人均消费处于中低水平,也印证了这样的消费需求。

基于休闲度假旅游市场的供给脱节现象和休闲度假旅游市场的消费特点,浙江省休闲度假旅游产品的开发,除了在资源品位高、市场区位好的度假地开发一批高档次酒店、别墅、娱乐康体设施以满足高消费度假者需求外,更多地要面向大中城市居民开发经济实惠的中低档公众性休闲度假旅游设施。

7.2.7 由单一的夏季休闲度假旅游产品逐渐扩展至四季休闲度假旅游产品

浙江省属大陆性季风气候,季节变化明显,目前所开发的休闲度假旅游产品绝大部分属于夏季海滨、山地和湖泊休闲度假旅游产品,市场需求集中在每年的 4—11 月,经营时间较短。今后应积极开发以温泉、山地滑雪等为依托的冬季或四季休闲度假旅游产品,同时设计开发更多的康体休闲活动和文化娱乐活动来延长休闲度假旅游的时间。

总体来看,现有的旅游度假区的环境、资源和产品品质尚不足以支撑四季度假旅游的长期发展。针对目前的发展重点,在夏季的避暑休闲度假旅游方面,需要进一步将观光、运动、知识教育、自然认知等产品结合起来;对于新开发的冬季休闲度假旅游,则应注重将温泉、疗养、体育俱乐部、健康训练等结合起来;对于一些季节性不太明显的古镇、都市、运动型度假旅游产品则需进一步加强其全季性的旅游特色。

7.2.8 形成合理的休闲度假旅游产品空间布局

浙江省各个休闲度假旅游地要因地制宜,充分利用自身的区位优势和休闲度假旅游资源特点,把握目标市场,做好产品设计,形成特色产品,加强区域合作,优化空间布局,从而有力地进行错位发展。

1.浙东地区:滨海、湖泊、山水、都市休闲度假旅游

浙东地区主要包括宁波和舟山两地。浙东地区的滨海休闲度假旅游资源丰富,兼具海洋与陆地旅游资源类型,区位条件优越。本区域目前建成的以滨海休闲度假旅游资源为核心的旅游度假区有象山松兰山旅游度假区,以湖泊度假旅游资源为核心的东钱湖旅游度假区。

宁波应以国际化休闲度假旅游目的地建设和都市休闲度假旅游产品开发为核心,通过陆—岛联动,积极发展多样化的度假、休闲、娱乐旅游,通过邮轮靠泊港或母港等配套设施的规划建设,稳健发展邮轮度假和海岛度假等高端休闲度假旅游产品。

舟山应通过生态环境的修复、岸线和海岛资源的划定保护,引导发展游艇、帆船、海钓、潜水等海洋特色休闲度假旅游,继续以普陀山为核心开发宗教胜地修身养性休闲度假旅游产品,以特色城镇为依托开发渔家风情休闲度假旅游,以海岛良好的自然环境为基础发展海洋生态休闲度假旅游。同时,发挥市场运作网络优势,不断包装推出特色休闲度假旅游产品,创新提升旅游节庆活动。

2.浙东南地区:滨海休闲度假旅游

浙东南地区主要包括台州和温州两地。这一区域除拥有以水资源为核心要素的瓯江旅游度假区外,目前还没有大量开发省级及以上旅游度假区。浙东南地区的山水和滨海度假旅游资源丰富,拥有雁荡山、楠溪江等国家风景名胜区。

温州应加快海陆空立体化旅游交通体系建设,提高区域的可进入性,着力打造滨海生态、文化、海洋和海岛等休闲度假旅游产品,建设国际豪华邮轮母港。依托洞头、南麂岛以及苍南鱼寮等丰富的海岛滨海休闲度假旅游资源,大力发展海滨休闲度假旅游。雁荡山—楠溪江要加强

地域文化特征和景观特的保护、旅游资源的整合、现有产品的提升、交通廊道的建设、高品质生态休闲与度假项目的引进,打造雁荡山—楠溪江休闲度假旅游目的地。

台州要通过差异化发展滨海休闲度假旅游,引导海洋生态旅游、海洋文化旅游、海上体育竞技、海岛主题度假、游艇等专项休闲度假旅游产品有序发展,打造台州特色休闲度假旅游目的地。

3. 浙北地区:都市、湖泊、乡村、古镇休闲度假旅游

浙北地区主要包括杭州、绍兴、湖州、嘉兴。杭嘉湖地区旅游资源丰富,经济实力雄厚,区位条件优越,立体交通发达。杭州拥有之江国家旅游度假区和湘湖旅游度假区、千岛湖旅游度假区等3个省级以上旅游度假区;绍兴拥有会稽山旅游度假区、鉴湖—柯岩度假区、嵊州温泉旅游度假区、诸暨五泄旅游度假区等4个省级旅游度假区;嘉兴拥有湘家荡旅游度假区、平湖九龙山旅游度假区、大云云澜湾温泉旅游度假区等3个省级旅游度假区;湖州拥有太湖旅游度假区、长兴太湖图影旅游度假区、安吉灵峰旅游度假区等3个省级以上旅游度假区。整个浙北区域内集合了都市、森林、温泉、山水、湖泊、田园等休闲度假资源,可以说是浙江省休闲度假旅游资源和产品最为丰富的区域。应进一步营造宜人的旅游休闲环境,打造长三角黄金旅游圈的核心区,以杭州为中心,深度挖掘城市特色与优势,强化旅游资源整合,加快形成休闲度假旅游群。

杭州应围绕"东方休闲之都"的旅游主题,整合西湖、西溪、运河以及之江、湘湖旅游度假区,优化总体旅游发展环境,按照国际标准建设休闲度假旅游目的地,完善旅游发展的支撑要素建设,联动发展休闲农业,建设环城休闲游憩带。同时充分利用天目山优越的生态环境优势,推进天目山生态休闲度假旅游产品的深度开发,打造具有国际影响力的生态休闲度假旅游目的地。构建新型休闲度假旅游产品体系,深层次挖掘丝绸、茶、书画、刺绣、美食、宗教等特色文化内涵,培育具有世界影响力的休闲度假文化旅游精品。

绍兴应以水乡环境为背景,以绍兴古城为依托,以鲁迅故里、府山越国遗址、书圣故里、镜湖湿地等历史文化和生态资源为核心,打造国内外知名的文化旅游目的地品牌。湖州要大力发展乡村生态休闲度假旅游,

建设成为长三角重要的乡村休闲度假旅游基地,利用莫干山风景区、下渚湖湿地、长兴金钉子地质公园、银杏古生态自然环境以及安吉优越的生态旅游资源,进一步完善旅游服务设施和旅游休闲功能,形成国内品质一流的自然生态休闲度假旅游区。嘉兴湖州要以乌镇—南浔—西塘古镇为核心,整体打造成为以中国江南水乡为品牌,以江南水乡风情体验为特色、自然与人文和谐交融的古镇文化休闲旅游度假区。

4. 浙中、浙西南地区:山地、乡村休闲度假旅游

浙中、浙西南地区主要包括金华、衢州、丽水。浙中拥有兰溪旅游度假区、武义温泉旅游度假区、龙游石窟旅游度假区、金华仙源湖旅游度假区等。浙中、浙西南地区山水休闲度假旅游资源丰富,应充分利用四省相接的客源市场优势和商贸繁荣、文化发达、生态良好优势,形成功能强大、特色鲜明的商贸、文化和生态休闲度假旅游区。积极培育城市的旅游集散和服务功能,重点建设散客(包括自驾车旅游)设施体系。

其中,丽水要大力开发以传奇文化为亮点的文化产品,着力培育山地休闲度假旅游产品,围绕丽水生态休闲、仙都风景休闲、遂昌山水、滩坑风情等度假旅游特色进行目的地开发。衢州要整合江郎山、仙霞关、廿八都为代表的古村镇度假旅游产品。金华要打响"千古风流婺州城"品牌,大力发展八婺文化度假旅游;打响"大仙圣地金华山"品牌,大力发展宗教朝圣度假旅游;打响"东方影都横莱坞"品牌,大力发展影视体验休闲度假旅游;打响"购物天堂大市场"品牌,大力发展商务购物休闲度假旅游;打响"休闲养生浙中行"品牌,大力发展生态休闲度假旅游。

7.3　浙江省休闲度假旅游目的地吸引力提升的对策

对浙江省休闲度假旅游市场游客旅游动机的研究发现,休闲度假旅游者的动机主要有身心放松动机、自我发展动机和旅游地吸引力动机。身心放松和自我发展主要与旅游者的内在需求有关,是一种推力因素;而旅游地吸引力动机则与目的地属性有关,是一种拉力因素,包括休闲度假旅游地的历史文化、旅游资源、交通、演艺娱乐、休闲活动、基础设施

等。由此可见,为激发旅游者的度假旅游动机,必须提升休闲度假旅游地的吸引力。而通过进一步地对休闲度假旅游地满意度的研究发现,游客对浙江省度假旅游地自然生态环境和人文景观、服务与基础设施、休闲活动、服务质量等各方面要素期望较高。因而,发展休闲度假旅游市场的重要任务之一,就是要塑造具有吸引力的休闲度假旅游地。

7.3.1 塑造度假旅游目的地的旅游形象识别

旅游形象识别主要包括理念形象识别、视觉形象识别和行为形象识别,其中较为重要的是休闲度假旅游地的旅游形象口号,它是向游客传达目的地品牌的描述性和说服性信息的简短语言,是用于向大众传递旅游目的地主题和形象的最有效工具之一。以杭州为例,作为一个国际化的休闲度假旅游城市,其英文宣传口号为"Hangzhou, Living Poetry",中文宣传口号是"最忆是杭州",这句宣传口号道出了在杭州休闲度假生活的意境,力求吸引更多来自世界各地的游客到杭州体验独特的"诗意之旅",该度假旅游地形象非常明晰。但是目前浙江省很多中小型休闲度假旅游地不注重整体营销,缺少整体形象识别的设计,在旅游市场上的辨识度较低,尤其是缺乏醒目响亮、朗朗上口、能够打动旅游者情怀的旅游形象宣传口号。所以各个度假地应塑造度假旅游目的地的旅游形象识别以吸引游客的注意力。

7.3.2 做好休闲度假旅游目的地的宣传和推广

浙江省的度假旅游市场以省内和长三角地区为主体,其次是国内其他区域和国际市场。为了更好地实现大型休闲度假旅游目的地国际化发展,省内中小型休闲度假旅游目的地国内化发展的目标,需要开展积极的宣传和推广工作,主要是通过推出一系列的拳头产品和特色产品,开展有针对性的具体营销。包括杭州、宁波的都市休闲度假旅游资源,千岛湖、太湖、东钱湖等的湖泊休闲度假旅游资源,普陀山、宁波阿育王寺、台州天台宗的宗教文化旅游资源,浙东南的良好生态环境度假资源等。在专项休闲度假旅游产品中要突显都市休闲度假旅游中的购物度假、历史文化特色街区,温泉休闲度假旅游中的健康和养生,滨海休闲度假旅游和山地休闲度假旅游中的避暑休闲度假旅游产品,湖泊休闲度假旅游中的运动娱乐、主题公园产品,乡村休闲度假旅游中的生态环境、民风民情和绿色环保食品,运动度假旅游中的体育俱乐部、海钓野营、绿道、体育赛事等休闲活动。

7.3.3　提升休闲度假旅游目的地的设施与服务水平

度假,首先是一种脱离了日常惯有生活的生活方式,是一种假期的生活。假期的生活不同于日常家居的生活和工作的生活,它的目的可以是休闲,可以是娱乐,可以是康体,可以是疗养。休闲度假旅游目的地必须提供满足这种目的的生活方式,必须具备良好的休闲度假环境和舒适的服务接待设施。不仅如此,还需要营造安全、友善、轻松的度假氛围,在治安、居民态度、酒店服务与管理、语言环境等"软"的方面也必须具有较高的水平和服务品质。

1. 服务接待设施

相对于观光旅游地,游客对休闲度假旅游目的地服务接待设施的要求较高。一方面,要求服务设施与周边环境相协调,并具有独到的特色;另一方面,要求服务设施舒适便利,能够体现出精细化、人性化、舒适性等特点。以度假酒店为例,在度假旅游者进行选择比对的时候,更加注重度假酒店的服务设施的品质化和精致化,注重服务内容的人性化和具体化,注重酒店氛围的温馨与友好。比如,度假客人会要求更宽敞的客房、更快速的网络、更舒适的床品,要求有客房内娱乐用桌或提供家庭房内的用餐服务等特殊服务。

2. 交通设施

所有的休闲度假旅游目的地都应具有便捷的交通网络和合理的旅游交通体系。汽车、自驾车、小型飞机、游艇都能够有相应的停泊位和进出通道,而且对外交通联系紧密,通达自由。国外一些高等级休闲度假旅游地甚至建有专用的私人飞机停机坪和跑道。

3. 购物设施

购物是休闲度假旅游者在度假期间进行的一项主要活动,因此休闲度假旅游目的地的购物设施应当满足客的需求,齐全而又多样化。一般来讲,旅游度假区都位于城市中心区的外围,因此,休闲度假旅游目的地应根据规模和等级设置必要的购物中心、超市、专卖店、专营商店、纪念品商店、服装店、保健品店、体育用品店等。

7.3.4　营造休闲度假旅游目的地良好的社区环境

以旅游度假区(村)形式存在的休闲度假旅游目的地,常常会成为所谓的"飞地",即本身是一个相对封闭的环境。这种形式的旅游度假区尽管会有"世外桃源"般的独特体验,但是也容易陷入缺少生活气息,甚至是与世隔绝的负面状况。因此,休闲度假旅游目的地应根据自身的类型特点,注重良好的社区环境的营造。

一方面,都市型、古镇型等人文类的休闲度假旅游目的地,必须以社区环境作为重要的旅游吸引要素之一,游客在体验城市文化、古镇风情的同时,也更加希望深度地感受当地的真实生活,了解街巷中的社会文化。即使是需要提供相对幽静独立的度假空间的自然型休闲度假旅游目的地,也应该在内部营造充满人情味和家庭温馨氛围的环境,以及热情好客的社区环境。

另一方面,休闲度假旅游地要兼顾游客和居民的休闲权益,不仅为外来旅游者带来休闲娱乐场所,同时提供社区居民休闲娱乐的福祉。要让飞地模式的休闲度假旅游地成为社区融合式的休闲度假旅游地,这样也能减少游客和当地居民的利益冲突,游客和居民和谐共处,才能使休闲度假旅游地有序良性地发展。

7.3.5　注重休闲度假旅游目的地的生态环境保护

生态环境是休闲度假旅游资源的基本构成要素,作为自然风光型的休闲度假旅游目的地,应当拥有良好的自然生态环境,具备森林覆盖率大、负氧离子高、空气质量好、水质量好、气候环境好等特点,才会对游客产生巨大的吸引力;同时,优质的生态环境也是休闲度假旅游目的地得以可持续发展的关键,因此,需要始终将生态环境保护作为首要任务。

不管文化旅游资源如何丰富多彩,生态环境始终是休闲度假旅游者的第一需求。高山滑雪型休闲度假旅游地、海滨海岛型休闲度假旅游地、温泉疗养型休闲度假旅游地、湖泊山水型休闲度假旅游地、乡村田园型休闲度假旅游地等无不以良好的生态环境作为其基本要素。换句话说,良好的生态环境本身就是一种吸引物,对休闲度假旅游的发展意义十分重大。党的十八大报告明确提出"把生态文明建设放在突出地位,努力建设美丽中国"。因此,建设资源节约、环境友好、生态安全的可持续发展型休闲度假旅游目的地是今后度假旅游发展的重要趋势。

7.3.6　关注休闲度假旅游目的地的生命周期

浙江省各个休闲度假旅游地要借鉴相关经验,分析目前自身所处的发展阶段,梳理本阶段的发展特点,针对每个阶段的市场特点、游客消费行为特征和模式做好自身的定位,有针对性地设计产品。20世纪90年代,中国在发展国家级旅游度假区时,将市场定位为豪华和高端的入境休闲度假旅游者,事实证明这样的定位不够准确,阻碍了国家旅游度假区的发展。就浙江而言,比较之江国家旅游度假区与千岛湖旅游度假区的发展经验,现阶段高中低端市场兼顾的千岛湖旅游度假区更具优势。浙江省休闲度假旅游地要充分认识到目前浙江省休闲度假旅游市场处于起步阶段,是一个中低收入的大众休闲度假旅游市场,要坚持发展初级阶段休闲度假旅游产品的适用性,比如中低档消费的度假酒店、休闲娱乐设施等,不一定要搞投资巨大、消费水平高的项目。随着度假地生命周期发展阶段的推进,国民经济和国民收入的提高,中高端休闲度假旅游市场的成熟发展,项目在逐步地更新换代。当然目前在关注大众休闲度假旅游市场的同时,也要认识到奖励度假旅游市场、会议度假旅游市场和康复度假旅游市场将会是下一个发展的热点,只有了解度假地生命周期各个阶段市场特点、响应市场特点的休闲度假旅游地才会获得成功。

7.4　小　结

本章在前期理论和实证研究的基础上,首先提出浙江省休闲度假旅游发展的总体思路,分别从气候条件、国内外产品的强力竞争和休闲度假旅游自身特点三个方面分析了浙江省休闲度假旅游市场的区域性特征,明确了目前浙江休闲度假旅游市场的吸引向性,并分别从国际市场和国内市场两个方面提出了总体的发展思路和规划目标。

在此基础上,本章主要从八个方面提出了浙江省休闲度假旅游产品的开发对策,这部分内容也是本书研究的重点所在。这八个方面的产品开发对策分别从产品开发层次、资源优势转化、产品组合、产品开发模式和产品空间布局等方面进行了阐述,针对浙江省的旅游实践提出了具有针对性和创新性的研究内容。

最后,本章针对如何提升浙江省休闲度假旅游目的地吸引力进行了专门的分析,分别从塑造目的地形象识别、做好宣传推广、提升设施与服务水平、营造良好社区环境、注重生态环境保护、关注生命周期等方面进行了深入的探讨。

参考文献

[1] 艾泽欧-阿荷拉.休闲社会心理学[M].谢彦君等译.北京:中国旅游出版社,2010.

[2] 爱德华·J.小梅奥,兰斯·皮·贾维斯.旅游心理学[M].张健等译.杭州:浙江教育出版社,1987.

[3] 保继刚.旅游地理学[M].北京:高等教育出版社,1999.

[4] 蔡彩云,骆培聪,等.基于IPA法的民居类世界遗产地游客满意度评价——以福建永定土楼为例[J].资源科学,2011(7):1374—1381.

[5] 陈春.80后旅游动机与旅游消费关系研究[D].杭州:浙江大学,2008.

[6] 陈丽华.需求转型条件下北京休闲度假旅游集约化发展研究[D].南昌:江西师范大学,2008.

[7] 丁龙.安徽省湖泊旅游发展研究[D].合肥:安徽大学,2013.

[8] 丁宁,李悦铮.辽宁海岛旅游产品转型升级研究[J].海洋开发与管理,2010(5):85—89.

[9] 董观志,杨凤影.旅游景区游客满意度测评体系研究[J].旅游学刊,2005(1):26—29.

[10] 杜继淑,郑惠."90后"大学生旅游动机与旅游消费行为分析[J].贵州师范大学学报,2010(6):137—141.

[11] 杜娟,张红,等.基于"推—拉"理论的西安农家乐旅游者动机实证分析[J].北京第二外国语学院学报,2008(5):69—74.

[12] 丰培奎.基于更新换代思想的旅游产品开发规划研究[D].西安:西安建筑科技大学,2009.

[13] 葛南南,樊信友.城市居民休闲度假旅游的消费动机与行为规律:重庆例证[J].重庆社会科学,2014(5):60—66.

[14] 葛兆光.中国思想史:导论思想史的写法[M].上海:复旦大学出版社,2010.

[15] 耿选珍.开发休闲度假旅游的可行性探析——以四川攀西地区为例[J].企业经济,2012(5):145—148.

[16] 顾秋实.南京城市居民休闲度假行为特征分析及其市场开发策略研究[D].南京:南京师范大学,2008.

[17] 郭剑英,熊明均.峨眉山休闲度假旅游目的地建设研究[J].特区经济,2009(9):148—150.

[18] 韩顺法.湖泊型旅游度假区的开发研究[D].南京:南京师范大学,2005.

[19] 何景明.国外乡村旅游研究述评[J].旅游学刊,2003(1):76—80.

[20] 何琼峰.中国国内游客满意度的内在机理和时空特征[J].旅游学刊,2011(9):45—52.

[21] 黄文燕.苏南地区休闲度假型小城镇旅游规划研究[D].南京:南京林业大学,2013.

[22] 黄燕玲,黄震方.城市居民休闲度假旅游需求实证研究——以南京为例[J].人文地理,2007(3):60—64.

[23] 黄郁成.新概念旅游开发[M].北京:对外经济贸易大学出版社,2002.

[24] 姜辽,张述林.国内外山地旅游环境研究综述[J].重庆师范大学学报(自然科学版),2007(4):77—81.

[25] 杰弗瑞·戈比.你生命中的休闲[M].昆明:云南人民出版社,2000.

[26] 金艺兰.旅游度假区服务质量对顾客满意度影响研究[D].吉林:延边大学,2014.

[27] 靳书芳,王淑华.近十年我国游客满意度研究述评[J].周口师范学院学报,2010(6):127—130.

[28] 孔亚丽.内蒙古休闲度假旅游产品开发研究[J].北方经济,2014(6):69—70.

[29] 赖志明,李维欢.海南旅游产业转型升级研究[J].中国商贸,2010

(29):180—181.

[30] 李根,段文军.基于 IPA 的桂林旅游目的地形象游客感知分析[J].中南林业科技大学学报(社会科学版),2014(3):1—5.

[31] 李洪.都市群依托型山岳休闲度假地发展探讨——临安市建设"长三角休闲度假地"实证研究[D].济南:山东大学,2008.

[32] 李露露.中国节:图说民间传统节日[M].福州:福建人民出版社,2005.

[33] 李妍.旅游者旅游动机的形成途径[J].辽宁行政学院学报,2006(3):64—65.

[34] 李岩.帝王巡游与中国古代的旅游[J].广西社会科学,2004(9):159—160.

[35] 李瑛.旅游目的地游客满意度及影响因子分析——以西安地区国内市场为例[J].旅游学刊,2008(4):43—48.

[36] 连漪,汪侠.旅游地顾客满意度测评指标体系研究及应用[J].旅游学刊,2004(5):9—13.

[37] 梁旺兵,马耀峰.上海市入境外国游客旅游消费行为偏好研究[J].消费经济,2005(5):51—54.

[38] 铃木达宜.基于顾客满意度的温泉度假区营销力提升研究——以南宁九曲湾温泉度假村为例[D].杭州:浙江大学,2007.

[39] 刘红萍.基于游客感知的资源保护型景区旅游解说系统的优化研究——以山海关老龙头景区为例[J].佳木斯教育学院学报,2014(4):455—462.

[40] 刘家明.旅游度假区发展演化规律的初步探讨[J].地理科学进展,2003(2):211—216.

[41] 刘坤梅,王莹.基于 IPA 方法的世界文化遗产地旅游解说系统的优化研究——以西藏罗布林卡为例[J].乐山师范学院学报,2014(8):75—79.

[42] 刘少和,李秀斌,张伟强.广东休闲度假旅游发展模式探讨——以滨海珠海市与粤北清新县为例[J].热带地理,2008(4):376—381.

[43] 刘少和,李秀斌.旅游产品转型与广东休闲度假产品体系建设思考[J].现代乡镇,2009(Z1):27—32.

［44］刘晓娟.我国湖泊休闲度假旅游的发展研究［D］.合肥:安徽大学,2010.

［45］吕晓玲.近代中国避暑度假研究［M］.合肥:合肥工业大学出版社,2013.

［46］吕余生.发展广西休闲度假旅游的探讨与思考［J］.沿海企业与科技,2009(10):97—99.

［47］罗群.休闲度假旅游者旅游动机与消费行为研究［D］.杭州:杭州电子科技大学,2011.

［48］马波,徐福英.中国旅游业转型升级的理论阐述与实质推进——青岛大学博士生导师马波教授访谈［J］.社会科学家,2012(6):3—7.

［49］马惠娣.休闲:人类美丽的精神家园［M］.北京:中国经济出版社,2004.

［50］潘健.大连地热开发对短途休闲度假旅游的带动作用［D］.大连:辽宁师范大学,2007.

［51］彭文英,李俊.北京旅游景区游客满意度及其影响因素分析［J］.资源开发与市场,2008(6):564—567.

［52］屈援,蒋中平.旅游景区游客满意度理论研究综述［J］.旅游经济,2012(11):74—76.

［53］商丽华.浙江省旅游空间结构及其优化研究［D］.金华:浙江师范大学,2010.

［54］沈祖祥.旅游与中国文化［M］.北京:旅游教育出版社,2002.

［55］盛学峰.关于发展黄山市休闲度假旅游的思考［J］.九江学院学报,2008(4):46—49.

［56］孙萍.江苏国内休闲度假旅游市场开发探析［J］.商场现代化,2008(36):233—234.

［57］谭伟明.南岳衡山休闲度假旅游产品开发研究［D］.长沙:湖南师范大学,2011.

［58］唐代剑,池静.中国乡村旅游开发与管理［M］.杭州:浙江大学出版社,2005.

［59］唐代剑,甘飞云.临安都市旅游繁盛原因探析［J］.旅游论坛,2009(3):450—453.

[60] 汪娟,叶文,宋文姝.体验经济时代云南省发展山地休闲度假旅游刍议[J].安徽农业科学,2011(13):7979—7982.

[61] 汪侠,刘泽华,张洪.游客满意度研究综述与展望[J].北京第二外国语学院学报,2010(1):22—29.

[62] 王群,丁祖荣,章景河.旅游环境游客满意度的指数测评模型[J].地理研究,2006(1):171—181.

[63] 王崧,韩振华.探索我国度假旅游的发展道路[J].商业研究,2004(20):121—124.

[64] 王文彬,邹宏霞.文化遗产地游客消费行为特征研究——以曲阜为例[J].东方企业文化,2010(24):135—137.

[65] 王永忠.西方旅游史[M].南京:东南大学出版社,2004.

[66] 王玉海."旅游"概念新探——兼与谢彦君、张凌云两位教授商榷[J].旅游学刊,2010(12):12—19.

[67] 吴必虎,黄潇婷.休闲度假城市旅游规划[M].北京:中国旅游出版社,2010.

[68] 吴必虎.大城市环城游憩带(ReBAM)研究——以上海市为例[J].地理科学,2001(4):354—358.

[69] 吴必虎.区域旅游规划原理[M].北京:中国旅游出版社,2001.

[70] 吴俊珂,廉小莹.大学生旅游消费行为特征探析——以河南省高校为例[J].经济研究导刊,2011(31):154—157.

[71] 夏巧云,王朝辉.基于 Fuzzy-IPA 的山岳型景区游客满意度研究——以黄山风景区为例[J].安徽师范大学学报(自然科学版),2012(5):471—476.

[72] 肖潜辉.我国旅游业的产品反思及其战略[J].旅游学刊,1991(2):7—14.

[73] 谢丽佳,郭英之.基于 IPA 评价的会展旅游特征感知实证研究——以上海为例[J].旅游学刊,2010(3):46—54.

[74] 谢彦君,吴凯.期望与感受:旅游体验质量的交互模型[J].旅游科学,2000(2):1—4.

[75] 谢彦君.基础旅游学[M].北京:中国旅游出版社,2004.

[76] 徐菊凤.度假旅游需求与行为特征分析——以中俄赴三亚旅游者为

例[J].旅游学刊,2007(12):59—65.

[77] 徐菊凤.中国休闲度假旅游研究[M].大连:东北财经大学出版社,2008.

[78] 徐克帅,朱海森.国外游客满意度研究进展及启示[J].旅游论坛,2008(1):138—142.

[79] 杨玖贵.博斯腾湖度假旅游开发的实证研究[D].乌鲁木齐:新疆大学,2014.

[80] 杨振之,郭凌,蔡克信.度假研究引论为海南国际旅游岛建设提供借鉴[J].旅游学刊,2010(9):12—19.

[81] 杨振之.论度假旅游资源的分类与评价[J].旅游学刊,2006(2):30—34.

[82] 于婧.大学生旅游消费行为的调查与分析——以北京大学生为例[J].经营管理者,2010(10):389—390.

[83] 余贵棠.中国游览事业之回顾[J].旅行杂志,1943(7):6—7.

[84] 俞晟.城市旅游与城市游憩学[M].上海:华东师范大学出版社,2003.

[85] 俞万源,冯亚芬,梁锦梅.基于游客满意度的客家文化旅游开发研究[J].地理科学,2013(7):824—830.

[86] 约翰·斯沃布鲁克,苏珊·霍纳.旅游消费者行为学[M].北京:电子工业出版社,2004.

[87] 张登祥,苏忖安.醴陵市官庄水库输水隧洞结构安全分析及处理[J].长沙电力学院学报(自然科学版),2002(4):83—85.

[88] 张洪森.青岛市休闲旅游发展研究[D].青岛:中国海洋大学,2013.

[89] 张凌云.国际上流行的旅游定义和概念综述——兼对旅游本质的再认识[J].旅游学刊,2008(1):86—91.

[90] 张伦书.论节庆经济持续创新能力与评价指标体系[J].桂海论丛,2002(5):85—88.

[91] 张树夫.旅游消费行为[M].北京:中国林业出版社,2004.

[92] 张文.旅游与文化[M].北京:旅游教育出版社,2002.

[93] 张言庆.山东省度假旅游发展研究[D].青岛:青岛大学,2004.

[94] 张颖,马耀峰,等.基于推—拉理论的旅沪入境游客旅游动机研究

[J].资源开发与市场,2009(10):945—947.

[95] 张子昂,黄震方,等.基于 IPA 方法的旅游地形象定位分析——以南京市为例[J].南京师大学报(自然科学版),2014(2):134—139.

[96] 郑峰.台州绿心旅游度假区开发构想[D].桂林:广西师范大学,2014.

[97] 郑鹏,马耀峰,等.基于"推—拉"理论的美国旅游者旅华流动影响因素研究[J].人文地理,2010(5):112—117.

[98] 郑文俊.基于推拉理论的柳州市乡村旅游动机实证分析[J].南方农业学报,2012(10):1606—1610.

[99] 中共中央马克思恩格斯列宁斯大林著作编译局.马克思恩格斯全集(第 26 卷第 3 册)[M].北京:人民出版社,1975.

[100] 中国旅行社.莫干山导游[M].上海:中国旅行社出版,1932.

[101] 周建明.旅游度假区的发展趋势和规划特点[J].国外城市规划,2003(18):25—29.

[102] 周密.武林旧事[M].北京:中华书局,2007.

[103] 邹开敏.国内旅游动机的研究新进展[J].经济问题探索,2008(3):125—127.

[104] 邹开敏.民宿:休闲度假旅游的一种探索——以江苏周庄为例[J].乡镇经济,2008(8):89—92.

[105] Agarwal S.,Brunt P. Social Exclusion and English Seaside Resorts [J]. Tourism Management，2006(4):654-670.

[106] Alegre J，Garau J. The Factor Structure of Tourist Satisfaction at Sun and Destination[J]. Journal of Travel Research，2011(1):78-86.

[107] Alegre J.，Cladera M.，Sard，M. Tourist Areas：Examining the Effects of Location Attributes on Tour-operator Package Holiday Prices [J]. Tourism Management，2013(2):131-141.

[108] Aron C. Working at Play：A History of the Vacation in the United Stated[M]. New York：Oxford University Press，1999.

[109] Baloglu S.，Love C. Association Meeting Planner's Perceived Performance of Las Vegas：An Importance-performance Analysis[J].

Journal of Convertion & Exhibition Management，2003（1）：13-27.

[110] Barbieri C. ，Sotomayor，S. Surf Travels Behavior and Destination Preferences: An Application of the Serious Leisure Inventory and Measure [J]. Tourism Management，2012(6):111-121.

[111] Besser A. ，Priel B. Models of Attachment，Confirmation of Positive Affective Expectations，and Satisfaction with Vacation Activities: A Pre-Post Panel Design Study of Leisure [J]. Personality and Individual Differences，2006(6): 1055-1065.

[112] Bloom J. ，Ritter S. ，Kühnel J. ，Reinders J. ，Geurts S. Vacation from Work: A "Ticket to Creativity"? The Effects of Recreational Travel on Cognitive Flexibility and Originality [J]. Tourism Management，2014(3):164-171.

[113] Bruce Prideaus. The Resort Development Spectrum a New Approach to Resort Development [J]. Tourism Management，2000(3):225-240.

[114] Can H. ，Hongbing D. The Model of Developing Low-Carbon Tourism in the Context of Leisure Economy [J]. Energy Procedia，2011(3):1974-1978.

[115] Chang S. ，Gibson H. J. The Relationships between Four Concepts (Involvement，Commitment，Loyalty，and Habit) and Consistency in Behavior across Leisure and Tourism [J]. Tourism Management Perspectives，2014(11):41-50.

[116] Chapman A. ，Speake J. Regeneration in a Mass-Tourism Resort Malta [J]. Tourism Management，2011(3): 482-491.

[117] Chu，Jin-feng，Gu Ren-xu，Li Ping-ping. Development and Urban Planning in Seaside City Blackpool in Britain [J]. Resource and Environment，East China Normal University. 2006(35): 87-92.

[118] Claes Fornell，Michael D Johnson. The American Customer Satisfaction Index: Nature，Purpose，and Findings [J]. Journal of Marketing，1994(60):7-8.

[119] Crompton J. L. Motivations for pleasure vacations [J]. Annals of Tourism Research, 1979(4):408-424.

[120] Dann G. M. ,Anomie S. Ego-Enhancement and Tourism [J]. Annals of Tourism Research,1977,4(4):184-194.

[121] Douglas G. ,Pearce D. G. Tourism Development in Paris: Public Intervention. Annals of Tourism Research, 1998, 25 (2): 457-476.

[122] Evans M. R. ,Chon K. S. Formulating and Evaluating Tourism Policy Using Importance Analysis[J]. Hospitality Education and Research,1989(13):203-213.

[123] Fuchs M. , Weiermair K. New Perspectives of Satisfaction Re-search in Tourism Destinations[J]. Tourism Review,2003(3): 6-14.

[124] Fuiller J,Matzler K,Faullants R. Asymmetric Effects in Custom-er Satisfation [J]. Annals of Tourism Research, 2006 (4): 1159-1163

[125] Goncalves O. Efficiency and Productivity of French Ski Resorts [J]. Tourism Management, 2012(6):650-657.

[126] Grigolon A. B. , Borgers A. W. J. , Kemperman A. D. A. M. , Timmermans H. J. P. Vacation Length Choice: A Dynamic Mixed Multinomial Logit Model [J]. Tourism Management, 2013(9):158-167.

[127] Gronau W. , Kagermeier A. Key Factors for Successful Leisure and Tourism Public Transport Provision [J]. Journal of Trans-port Geography, 2007(2):127-135.

[128] Gunter U. , Önder I. Forecasting International City Tourism De-mand for Paris: Accuracy of Uni-and Multivariate Models Emplo-ying Monthly Data [J]. Tourism Management, 2015 (46): 123-135.

[129] Holding D. M. The Sanfte Mobilitaet Project: Achieving Re-duced Car-dependence in European Resort Areas [J]. Tourism

Management, 2001(4):411-417.

[130] Huber K. Semantic Distinction between Holiday and Leisure Time [J]. Annals of Tourism Research, 1990(4):616-618.

[131] Iso-Ahola S. E. , Jon R. A. The Dynamics of Leisure Motivation the Effects of Outcome on Leisure Needs [J]. Research Quarterly for Exercise and Sport,1982,(2).

[132] Jansen-Verbeke. Leisure Recreation and Tourism in Inner Cities: Explorative Case Studies[J]. Netherlands Geographical Studies, 1985.

[133] Kathleen A. Cordes Applications in Recreation and Leisure:For Today and the Future[M]. New York:McGrawHill Company, 2003.

[134] Kim S. ,Lehto X. Y. Travel by Families with Children Possessing Disabilities: Motives and Activities [J]. Tourism Management, 2012(1):13-24.

[135] Klein-Vielhauer S. Framework Model to Assess Leisure and Tourism sustainability [J]. Journal of Cleaner Production, 2009 (4):447-454.

[136] Konu H. , Laukkanen T. Predictors of Tourists' Wellbeing Holiday Intentions in Finland [J], Journal of Hospitality and Tourism Management, 2010(17): 144-149.

[137] Krippendorf J. Towards New Tourism Policies-The Importance of Environmental and Sociocultural Factors [J]. Tourism Management, 1982(3):135-148.

[138] LaMondia J. , Bhat C. R. ,Hensher D. A. An Annual Time Use Model for Domestic Vacation Travel [J]. Journal of Choice Modelling, 2008(1): 70-97.

[139] Leiper N. Tourism and Leisure: the Significance of Tourism in the Leisure Spectrum. In: Cant G. ,Pearce D. ,O'Rourke B. Proceedings of the 12th New Zealand Geography Conference. Christchurch: new Zealand Geographical Society,1984.

[140] Martilla J. , James J. Importance Performance Analysis [J]. Journal of Marketing, 1977(1): 77-79.

[141] Mill R. C. ,Morrison A. M. The Tourism System (4th Edition) [M]. Dubuque, IA: Kendall/Hunt Publishing Company,2002.

[142] Milman A. Evaluating the Guest Experience at Theme Parks: An Empirical Investigation of Key Attributes[J]. International Journal of Tourism Research,2009(4):373-387.

[143] Moore K. , Cushman G. , Simmons D. Behavioral Conceptualization of Tourism and Leisure [J]. Annals of Tourism Research, 1995(1):67-85.

[144] Pieper J. ,Dru A. ,Eliot T. S. Leisure the Basis of Culture [M]. Liberty Fund, 2010.

[145] Pizam A, Neumann Y. A Reichel-dimensions of Tourist Satisfaction with a Destination [J]. Annals of Tourism Research, 1978 (3):314-322.

[146] Rabbiosi C. Renewing a Historical Legacy: Tourism, Leisure Shopping and Urban Branding in Paris. Cities, and Available online 23 August 2014.

[147] Robert W. , McIntosh R. W. , Gupta S. Tourism: Principles, Practices,Philosophies(3rd Edition) [M]. Grid Publishing House Inc. ,1980.

[148] Ryan C. , Shuo T. S. S. , Huan T. C. Theme Parks and a Structural Equation Model of Determinants of Visitor Satisfaction: Janfusan Fancyworld, Taiwan[J]. Journal of Vacation Marketing,2010(3):185-199.

[149] Schwaninger M. Forecasting Leisure and Tourism-Scenario Projections for 2000—2010[J]. Tourism Management, 1984(4):250-257.

[150] Shaw G. ,Coles T. Disability, Holiday Making and the Tourism Industry in the UK: A Preliminary Survey [J]. Tourism Management, 2004(3):397-403.

[151] Smith M. K. Seeing a New Side to Seasides: Culturally Regeneration the English Seaside town [J]. International Journal of

Tourism Research,2004(6):17-28.

[152] Smith S. L. J., Godbey G. C. Leisure, Recreation and Tourism [J]. Annals of Tourism Research, 1991(1):85-100.

[153] Strap J. D. The Resort Cycle and Second Home[J]. Annals of Tourism Research,1988.

[154] Sussmann S., Rashcovsky C. A Cross-cultural Analysis of English and French Canadian's Vacation Travel Patterns [J]. International Journal of Hospitality Management, 1997(2):191-208.

[155] Sylvia M., Tunstall S. M., Rowsell E. C. P. The English Beach: Experiences and Values [J]. The Geographical Journal, 1998 (164):319-332.

[156] Tonge J.,Moore S. A. Importance-satisfaction Analysis for Marine-park Hinterlands: A Western Australian Case Study [J]. Tourism Management,2007(3):768-776.

[157] Turnbull D. R., Uysal M. An Exploratory Study of German Visitors to the Caribbean: Push and Pull Motivations [J]. Journal of Travel and Tourism Marketing, 1995(2):85-92.

[158] Varley P., Medway D. Ecosophy and Tourism: Rethinking a Mountain Resort [J]. Tourism Management, 2011(4):902-911.

[159] Yermack D. Tailspotting: Identifying and Profiting from CEO Vacation Trips [J]. Journal of Financial Economics, 2014(2): 252-269.

[160] Zalatan A. The Determinants of Planning Time in Vacation Travel [J]. Tourism Management, 1996(2):123-131.

后 记

　　《浙江休闲度假旅游发展研究》书稿完成之际，内心确实非常激动。本文写作的初衷是对本人主持的浙江省哲学社会科学规划项目"浙江省旅游业发展路径研究——从观光到休闲的视角"的研究总结。应该说在刚刚进行课题研究时，本人对休闲度假旅游的概念还未非常明晰，对文稿的写作框架也很模糊。课题的研究和文稿写作过程实际上是非常艰难的，两年多的时间里，本人和课题组成员认真磋商和研讨，进行大量的文献阅读，实地调研走访了文中所列的所有休闲度假旅游地。感谢那些挑灯夜读的日子，那些实地调研的日子，那些进行庞大和繁重的数据统计和分析的日子。在这个过程中，通过查阅休闲、旅游、休闲旅游、度假旅游等中外相关文献，特别是在复旦大学旅游系访学的一年里，通过休闲学概论、休闲学研究等相关课程的学习，对休闲度假旅游的概念渐渐明晰起来；在对浙江省休闲度假旅游市场调研过程中，慢慢地了解了浙江省休闲度假旅游资源、市场、产品和各种业态，明晰了浙江休闲度假旅游发展的机遇和对策。调研写作的过程是自我鞭策、自我学习的过程，实际上也是提升自己对于浙江休闲度假旅游发展认知的自我教育过程。

　　在写作过程中，得到了课题组核心成员——浙江树人大学现代服务业学院旅游会展系王玲博士、陈爱妮博士的鼎力帮助。陈爱妮博士对第五章内容中的浙江省休闲度假旅游市场作了详细的数理统计分析，王玲博士提供了第六章部分国内外海岛休闲度假旅游地发展的典型案例。王玲博士还与作者一起对全书进行了最后的文字修改和梳理工作。复旦大学旅游管理系姚敏等同学在案例和外文文献搜集中做了大量的工作。感谢复旦大学旅游系巴兆祥教授、孙云龙副教授，浙江工商大学唐代剑教授,浙江大学郭毅老师等在理论知识和研究方法上的指导和帮助。感谢浙江树人大学现代服务业学院院长夏晴教授,浙江省现代服务业研究中心姜文杰教授、李文杰博士、周政博士及旅游会展系各位同仁的帮助和指导。感谢浙江省旅游局和各个休闲度假旅游地相关企事业单位的协作和帮助。

潘雅芳

2015 年 10 月于杭州

图书在版编目(CIP)数据

浙江休闲度假旅游发展研究/潘雅芳著. —杭州：
浙江大学出版社,2015.12
ISBN 978-7-308-15436-9

Ⅰ.①浙… Ⅱ.①潘… Ⅲ.①地方旅游业－旅游业发
展－研究－浙江省 Ⅳ.①F592.755

中国版本图书馆 CIP 数据核字(2015)第 301964 号

浙江休闲度假旅游发展研究

潘雅芳 著

责任编辑	田 华	
责任校对	杨利军	
封面设计	木 夕	
出版发行	浙江大学出版社	
	（杭州市天目山路 148 号 邮政编码 310007)	
	（网址:http://www.zjupress.com)	
排 版	浙江时代出版服务有限公司	
印 刷	杭州日报报业集团盛元印务有限公司	
开 本	710mm×1000mm 1/16	
印 张	11.25	
字 数	180 千	
版 印 次	2015 年 12 月第 1 版 2015 年 12 月第 1 次印刷	
书 号	ISBN 978-7-308-15436-9	
定 价	35.00 元	

浙江大学出版社发行中心联系方式 (0571)88925591;http://zjdxcbs.tmall.com